国家绒毛用羊产业技术体系建设资金资助项目（CARS-39-22）

中国绒毛用羊

产业发展与政策研究报告

2024

肖海峰　陈海燕　李晓峰　王　晶　王贝贝　王如玉　等　著

中国农业出版社

北　京

著 者 名 单

肖海峰	陈海燕	李晓峰	王　晶
王贝贝	王如玉	李　明	刘山水
刘明玉	王　恒	尹金辉	毛晓敏
徐惠娟	刘树才	豆兴堂	王世泉
张占辉	梅海旺	王桂东	马世科
马军德	万鹏程	孙　武	金夏阳
马如意	罗　叶	包文静	章雅璇
康　威	信耀玉	王小丫	李林蔚
李若楠	李宛清	吴新宇	梁宇哲
王　涵			

前 言
FOREWORD

为了准确把握 2024 年度我国绒毛用羊产业发展状况，国家绒毛用羊产业技术体系产业经济研究团队于 2024 年 7—8 月，与辽阳绒山羊综合试验站、赤峰绒山羊综合试验站、海北综合试验站、赤峰细毛羊综合试验站、伊犁细毛羊综合试验站、良种扩繁与生产技术研究团队合作，完成了 8 个县（旗、团场）、80 户农牧户的问卷调查工作。基于上述调研数据，以及张家港羊毛交易市场价格数据和中国海关进出口数据，我们完成了总报告——《2024 年中国绒毛用羊产业发展与政策研究报告》以及三个分报告——《2024 年细毛羊产业发展调研报告》《2024 年地毯毛羊产业发展调研报告》和《2024 年绒山羊产业发展调研报告》。

总报告《2024 年中国绒毛用羊产业发展与政策研究报告》包括绒毛用羊养殖情况、绒毛用羊养殖成本收益、绒毛价格变动特征及原因、绒毛进出口情况、现有绒毛用羊相关扶持政策及评价、2025 年我国绒毛用羊产业发展趋势、我国绒毛用羊产业发展存在的主要问题、促进我国绒毛用羊产业发展的政策建议八个部分。三个分报告《2024 年细毛羊产业发展调研报告》《2024 年地毯毛羊产业发展调研报告》和《2024 年绒山羊产业发展调研报告》在分别对细毛羊、地毯毛羊和绒山羊产业发展现状及存在问题进行分析的基础上，提出了促进产业发展的相关政策建议。

在本报告出版之际，我们向 2024 年度与产业经济研究团队合作调研的徐惠娟站长、刘树才场长、豆兴堂站长、王世泉部长、张占辉站长、梅海旺主任、王桂东场长、马世科站长、马军德站长、万鹏程研究员、毛晓敏总经理，

1

以及其他相关人员表示衷心的感谢！也对郑文新首席及其他岗位专家和试验站站长给予的支持和帮助表示感谢！同时也请各位专家、站长、相关领导及其他读者对本报告提出宝贵意见。

肖海峰

2025 年 2 月

目　录
CONTENTS

前言

▶ **总报告　2024 年中国绒毛用羊产业发展与政策研究报告**

一、绒毛用羊养殖情况　/ 3
（一）绒毛用羊存栏数量情况　/ 3
（二）绒毛产量情况　/ 7
（三）农牧户养殖行为和养殖意愿　/ 10

二、绒毛用羊养殖成本收益　/ 16
（一）养殖总收益　/ 17
（二）养殖总成本　/ 18
（三）养殖纯收益和成本收益率　/ 19

三、绒毛价格变动特征及原因　/ 20
（一）羊毛价格变动特征及原因　/ 20
（二）羊绒价格变动特征及原因　/ 27

四、绒毛进出口情况　/ 31
（一）羊毛进出口情况　/ 32
（二）羊绒进出口情况　/ 41

五、现有绒毛用羊相关扶持政策及其评价　/ 46
（一）现有绒毛用羊产业相关扶持政策　/ 46
（二）我国绒毛用羊产业现有相关扶持政策的评价　/ 55

六、2025 年我国绒毛用羊产业发展趋势　/ 62
（一）细羊毛产量将小幅下降，地毯毛、羊绒产量稳中有增　/ 62
（二）细羊毛价格呈止跌回稳趋势，地毯毛、羊绒价格呈上升趋势　/ 63

（三）绒毛用羊标准化规模养殖水平将进一步提升 / 64

（四）绒毛用羊产业的组织化程度将有所提高 / 65

（五）绒毛用羊产业农技推广市场化运营趋势将进一步增强 / 66

（六）绒毛用羊产业将更加注重品种保护与改良 / 66

（七）绒毛用羊产业将更加注重饲草料供应体系建设 / 67

七、我国绒毛用羊产业发展存在的主要问题 / 68

（一）绒毛生产积极性下降，产业发展前景堪忧 / 68

（二）资源环境约束推动养殖成本持续攀升，绒毛用羊养殖利润
空间缩减 / 70

（三）绒毛良种补贴政策覆盖范围小、补贴水平低，延缓良种
推广进程 / 71

（四）多地种羊场面临资金和人才短缺问题，育种、供种能力
受限 / 72

（五）基层畜牧兽医专业服务供给不足，农牧户实用养殖技术
应用较少 / 73

（六）专业合作社、家庭农场等新型经营主体发展缓慢，产业
组织化程度低 / 74

（七）绒毛收购定价方式不合理，"优质优价"机制尚未建立 / 75

（八）绒毛品牌建设与宣传滞后，特色产业缺乏重点关注和
扶持 / 76

八、促进我国绒毛用羊产业发展的政策建议 / 77

（一）聚焦养殖效益提升，多措并举稳定养殖户绒毛生产积极性 / 77

（二）完善生态保护和饲草料产业发展政策，推动产业持续发展 / 78

（三）探索品种改良多元主体协作模式，确保良种稳定供应 / 79

（四）加大绒毛良种补贴力度，提高养殖户使用良种的主动性和
积极性 / 80

（五）创新技术服务模式，提升农牧户科学养殖水平 / 80

（六）加强新型经营主体培育，促进绒毛产业高质量发展 / 81

（七）规范绒毛流通市场建设，加快建立"优质优价"机制 / 82

（八）注重优质绒毛品牌培育，提升绒毛产品竞争力 / 83

▶ **分报告一　2024 年细毛羊产业发展调研报告**

一、细毛羊养殖形势与产业发展现状　/ 87

（一）调研地区细毛羊养殖品种各具特色　/ 87

（二）2024 年调研地区细毛羊养殖规模整体呈下降趋势　/ 88

（三）2024 年调研地区细羊毛产量整体呈下降趋势　/ 90

（四）2024 年各调研地区细羊毛价格止跌回稳　/ 90

（五）细毛羊养殖条件和管理技术整体有所改善　/ 92

（六）各调研地区细毛羊养殖效益存在一定差异　/ 93

（七）部分调研地区形成了较为成熟的产业组织模式　/ 95

（八）羊毛销售渠道仍以贩子收购为主，拍卖、"工牧直交"
方式发展较为迅速　/ 97

（九）各调研地区细毛羊产业扶持政策存在一定差异　/ 97

二、细毛羊产业发展存在的问题　/ 99

（一）农牧户养殖积极性下降，细毛羊养殖形势不容乐观　/ 99

（二）"行政上移"的农技服务与农牧户技术需求不匹配，实用
养殖技术普及率偏低　/ 100

（三）资源环境约束增强推动成本上升，细毛羊养殖利润空间收窄　/ 101

（四）良种补贴政策覆盖范围小，调研地区均未享受该政策　/ 102

（五）新型经营主体发育不足，缺乏竞争力　/ 104

（六）拍卖、"工牧直交"方式发展迅速，但"优毛优价"机制
尚未全面建立　/ 104

（七）细毛羊产品品牌建设与宣传滞后，加工营销体系不完善　/ 105

三、促进细毛羊产业发展的政策建议　/ 106

（一）完善细毛羊产业政策扶持体系，健全政策落实长效机制　/ 106

（二）探索细毛羊品种改良多元主体协作模式，提升农牧户
养殖经济效益　/ 106

（三）创新畜牧业社会化服务组织运行模式，打通农技成果
转化"最后一公里"　/ 107

（四）加强饲草料供应体系建设，积极推动细毛羊产业生产
方式转型升级　/ 108

（五）加强细毛羊产业新型经营主体培育和扶持力度，
　　　提升市场竞争力 / 109

（六）完善细羊毛生产、流通质量控制体系，逐步建立
　　　"优毛优价"机制 / 109

（七）强化品牌培育，以加工营销体系建设带动价值链提升 / 110

▶ 分报告二　2024 年地毯毛羊产业发展调研报告

一、2024 年地毯毛羊养殖形势与产业发展现状 / 113

（一）地毯毛羊品种生产性能良好，核心群良种化程度高 / 113

（二）调研县地毯毛羊存栏量较 2023 年略增 / 114

（三）调研县地毯毛产量较 2023 年有所增加 / 116

（四）调研县地毯毛销售价格较 2023 年有所回升 / 116

（五）调研县地毯毛羊养殖效益略有差异，羊毛收益占比极低 / 117

（六）养殖方式仍以传统放牧养殖为主，养殖条件较好 / 119

（七）地毯毛羊养殖相关合作社发展处于初级阶段 / 120

（八）调研县地毯毛销售方式以贩子收购为主 / 121

（九）调研县对地毯毛羊产业均有一定的扶持政策 / 121

二、地毯毛羊产业发展存在的主要问题 / 125

（一）良种推广难度较大，力度还需持续加强 / 125

（二）地毯毛羊养殖效益偏低，严重影响农牧户养殖积极性 / 126

（三）饲养管理方式仍较为落后，现代化养殖技术应用水平低 / 126

（四）地毯毛销售方式较为传统，"优毛优价"机制尚未建立 / 127

（五）养殖专业合作社发展较为滞后，职能发挥有限 / 127

（六）受草场资源限制，农牧户养殖规模受限、养殖成本增加 / 128

（七）品牌意识淡薄，地毯毛羊产品品牌建设比较滞后 / 128

（八）政策性农业保险保障水平有限，未能充分满足农牧户需求 / 129

三、促进地毯毛羊产业发展的政策建议 / 129

（一）加大良种推广力度，建立良种示范区 / 129

（二）出台地毯毛差价补贴政策，错峰出栏提高销售收入 / 130

（三）重视农牧户养殖技术培训，引导高效科学养殖 / 130

（四）引导建立"优质优价"机制，开拓地毯毛销售渠道 / 131

（五）推动地毯毛羊养殖专业合作社规范化发展　/ 131

（六）完善草原生态保护补助奖励政策，推动产业持续发展　/ 132

（七）优化当地生产模式，努力打造区域品牌　/ 132

（八）增强协同合作效能，提高政策性农业保险保障水平　/ 133

▶ **分报告三　2024 年绒山羊产业发展调研报告**

一、2024 年绒山羊养殖形势与产业发展现状　/ 137

（一）调研地区绒山羊品种优良，羊绒生产性能较为稳定　/ 137

（二）调研地区绒山羊存栏量较 2023 年小幅增加　/ 138

（三）调研地区羊绒产量较 2023 年小幅增加　/ 139

（四）多数调研地区羊绒销售价格较 2023 年小幅上涨　/ 139

（五）调研地区绒山羊养殖效益有一定差异，羊绒收益占比偏低　/ 140

（六）绒山羊以家庭适度规模养殖为主　/ 142

（七）养殖户普遍掌握舍饲管理技术，养殖技术水平有所提升　/ 143

（八）合作社"空壳"现象频现，规范运作的合作社较为稀缺　/ 145

（九）羊绒收购混等混级现象普遍，销售渠道呈现多样化发展　/ 146

（十）调研地区绒山羊产业扶持政策存在差异　/ 146

二、当前绒山羊产业发展面临的主要问题　/ 148

（一）养殖户片面追求产绒量，羊绒细度有所增粗　/ 148

（二）种羊场发展面临资金人才难题，保种育种功能未充分发挥　/ 149

（三）资源环境条件约束趋紧，农牧户养殖成本压力较大　/ 149

（四）农牧民年龄老化，产业发展后劲不足　/ 150

（五）绒山羊养殖专业合作社发展滞后，职能发挥欠缺　/ 151

（六）技术培训参与较弱，先进技术采纳积极性低　/ 152

（七）基层畜牧兽医人员老化，迭代更新和传帮带机制阻滞　/ 152

（八）羊绒收购定价方式不合理，"优质优价"任重道远　/ 153

（九）特色产业关注度不够，政府扶持力度不足　/ 153

三、促进绒山羊产业发展的政策建议　/ 154

（一）聚焦绒山羊产绒性能，多措并举遏制羊绒粗化　/ 154

（二）多主体共同发力，助推种羊场发展　/ 155

（三）完善生态保护和饲草料产业发展政策，缓解养殖成本压力　/ 156

（四）完善培育机制，加快培育高素质农牧民 / 157

（五）扶持绒山羊专业合作社发展，推进合作社规范提升 / 157

（六）创新培训方式，提高农牧户先进养殖技术应用水平 / 158

（七）加强畜牧兽医人才队伍建设，完善社会化服务 / 159

（八）规范羊绒流通市场，推进羊绒"优质优价" / 160

（九）提升绒山羊产业关注度，加大政策扶持力度 / 161

总报告

2024年中国绒毛用羊产业发展与政策研究报告

国家绒毛用羊产业技术体系

产业经济研究团队　　　　辽阳绒山羊综合试验站

赤峰绒山羊综合试验站　　海北综合试验站

赤峰细毛羊综合试验站　　伊犁细毛羊综合试验站

良种扩繁与生产技术研究团队

2024 年，国家绒毛用羊产业技术体系产业经济研究团队（简称产业经济研究团队）联合良种扩繁与生产技术研究团队、伊犁细毛羊综合试验站、海北综合试验站、赤峰细毛羊综合试验站、赤峰绒山羊综合试验站和辽阳绒山羊综合试验站，分别在新疆、青海、内蒙古和辽宁对绒毛用羊产业发展现状展开调研活动。其中，细毛羊选择新疆的新源县、新疆生产建设兵团第四师可克达拉市七十七团（简称七十七团）和内蒙古的敖汉旗作为样本调查点，地毯毛羊选择青海的海晏县、刚察县作为样本调查点，绒山羊选择内蒙古的巴林右旗和辽宁的盖州市、本溪满族自治县（简称本溪县）作为样本调查点。根据各调研县（市、旗）绒毛用羊养殖情况，分别在各样本调查点抽取农牧户进行了问卷调查，受访的农牧户均为绒毛用羊养殖和管理的主要决策者，因而调研数据具有较高的可信度。调研的样本总量为：4 个省（自治区）8 个县（市、旗、团场）共 80 户农牧户。

研究团队查阅文献资料，走访绒毛主产区农牧业主管部门，深入走访养殖户，实地了解各地区绒毛用羊生产经营状况，通过问卷、深度访谈、座谈等形式，围绕绒毛用羊养殖、成本效益、绒毛价格变动、各地政府扶持政策等展开调研，据此我们对绒毛用羊产业发展状况有了较为清晰的把握。基于上述调研数据，以及国家统计局、中华人民共和国海关总署（简称海关总署）、张家港羊毛交易市场的相关数据，进而形成本报告。本报告主要包括以下内容：绒毛用羊的养殖情况及养殖成本收益、绒毛价格变动特征及原因、绒毛进出口情况、绒毛用羊相关扶持政策及其评价、绒毛用羊产业 2025 年的发展趋势、当前我国绒毛用羊产业发展过程中存在的问题和政策建议。

一、绒毛用羊养殖情况

绒毛用羊产业是我国畜牧业的重要组成部分，绒毛用羊养殖为农牧户提供了稳定的收入来源，同时也推动了畜牧业的现代化和标准化发展。本部分利用《中国统计年鉴》《中国畜牧兽医年鉴》以及产业经济研究团队在 2024 年度调研活动中收集整理的县级统计数据和农牧户问卷调查数据，从绒毛用羊存栏数量情况、绒毛产量情况、农牧户养殖行为和养殖意愿等角度分析 2024 年度我国细毛羊、地毯毛羊和绒山羊的养殖情况。

（一）绒毛用羊存栏数量情况

1. 2000—2023 年细毛羊存栏量先增后降，2024 年调研地区存栏量呈下降趋势

2000—2023 年我国细毛羊存栏量[①]总体呈现先增后降的趋势（图 1）。具体来看，2000—2017 年我国细毛羊存栏量呈现波动上升态势，从 1 609.66 万只增至 2 392.82 万只，增幅为 48.65%；2017 年后，我国细毛羊存栏量开始

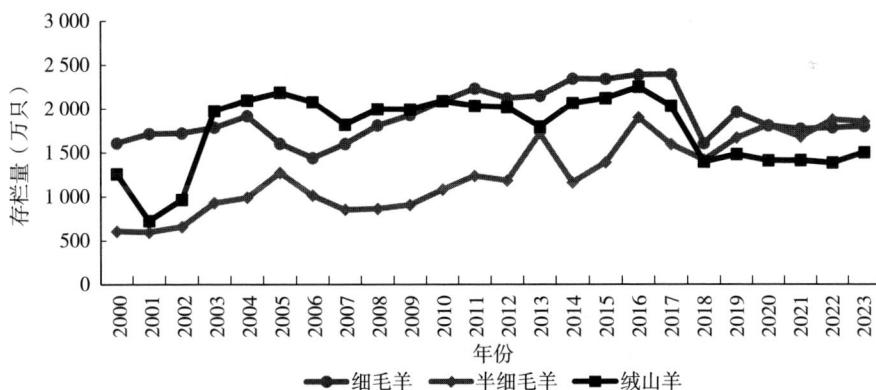

图 1　2000—2023 年我国绒毛用羊存栏量变化情况

数据来源：《中国畜牧兽医年鉴》。

---

① 我国目前无绒毛用羊及分品种的全国统计数据。由于绒毛用羊养殖区域主要集中在牧区和半牧区，本部分使用我国牧区半牧区的细毛羊、半细毛羊和绒山羊相关统计数据对全国绒毛用羊养殖情况进行分析。

波动下降，从 2 392.82 万只降至 2023 年的 1 798.98 万只，降幅为 24.82%。禁牧减畜等草原生态保护政策执行力度增强、养殖成本上涨、养殖效益下降及肉羊市场的冲击等因素的影响是 2017 年后细毛羊存栏量下降的主要原因。

2024 年调研地区细毛羊存栏量依然呈下降趋势。调研地区细毛羊存栏总量为 3.86 万只，比 2023 年底减少 0.38 万只。具体来看，新源县和七十七团 2024 年底细毛羊存栏量分别为 2.41 万只和 0.85 万只，分别比 2023 年减少了 0.10 万只和 0.35 万只。敖汉旗预计 2024 年细毛羊存栏量为 0.60 万只，比 2023 年增加了 0.07 万只（表1）。

表 1　各调研地区细毛羊存栏量及变化情况

调研地区	2023 年（万只）	2024 年（万只）	变化率（%）
新源县	2.51	2.41	−3.98
七十七团	1.20	0.85	−29.17
敖汉旗	0.53	0.60	13.21
合计	4.24	3.86	−8.96

数据来源：2024 年新疆、内蒙古各调研地区农牧部门统计资料和访谈记录。

调研地区细毛羊养殖规模下降的主要原因包括哈萨克羊的冲击和活羊价格下跌。哈萨克羊适应性强、饲养成本低，相比之下，细毛羊需要精细化管理，导致农牧户更倾向于养殖哈萨克羊。此外，近年来细毛羊活羊销售价格持续下跌，巩乃斯种羊场的活羊销售价格从 2023 年的 1 200 元/只降至 2024 年的 800 元/只，跌幅达到 33.33%。价格的下降打击了农牧户的养殖积极性，导致细毛羊养殖规模减小。管理成本高、饲草资源短缺和劳动力老龄化等因素也进一步削弱了养殖户的积极性。

七十七团的细毛羊养殖规模下降不仅是因为受到了肉羊和哈萨克羊的冲击，还因为草场资源短缺和品种改良缺乏。数据显示，七十七团细毛羊养殖规模从 2020 年的 2.46 万只降至 2024 年的 0.85 万只，降幅为 65.45%。边境管理措施导致可利用草场面积从 28.7 万亩*减少至 16.1 万亩，2023 年饲草料缺口高达 75%，饲草成本上涨使农牧户养羊积极性下降。同时，七十七团的国家级种羊场自 2017 年管理改革后运营不善，失去种畜供应资质，无法给当地

---

*　亩为非法定计量单位，1 亩＝1/15 公顷。——编者注

农牧户提供优质种畜资源和技术支持，进一步削弱了养殖户的积极性。

相较之下，敖汉旗的细毛羊养殖规模基本稳定，2024 年略有上升，主要得益于敖汉细毛羊（多胎型）的推广和政府扶持政策。敖汉旗财政每年为细毛羊养殖提供 60 万元资金用于保种育种，赤峰市财政提供 30 万元用于建立高繁体系，技术投入和资金支持的增加保障了养殖规模的稳定。

2. 2000—2023 年半细毛羊存栏量波动增长，近年来维持在较高水平

2000—2023 年我国半细毛羊存栏量总体呈波动增长趋势（图1）。具体来看，2000—2016 年半细毛羊存栏量从 607.78 万只波动增至 1 900.50 万只，增幅为 212.70%；2016—2018 年，受禁牧减畜等草原生态保护政策的影响，半细毛羊存栏量有所减少，从 1 900.50 万只减少至 1 417.25 万只，降幅为 25.43%；2018—2023 年半细毛羊存栏量呈波动增长趋势，从 1 417.25 万只增至 1 853.41 万只，增长了 30.78%。

半细毛羊养殖区域主要集中于云南、贵州、四川等民族地区。地方习俗、农牧户的养殖习惯，以及新冠疫情后外出务工农户返乡转产养殖半细毛羊等因素，推动了 2018 年以来的存栏量增长。总体而言，半细毛羊因其多用途性和市场适应性，具有一定的供给弹性。这种弹性反映了消费者对半细毛羊产品需求的变化，也表明养殖户能够根据市场动态调整养殖策略，从而推动了产业的调整与优化。

3. 2024 年调研地区地毯毛羊存栏量小幅增长

2024 年调研地区地毯毛羊合计存栏量为 146.75 万只，较 2023 年的 140.95 万只小幅增加了 4.11%（表2）。具体来看，两个调研县的地毯毛羊存栏量变化方向略有不同，刚察县存栏量保持稳定，而海晏县存栏量有所增长。

表2　各调研地区地毯毛羊存栏量及变化情况

调研县	2023 年（万只）	2024 年（万只）	变化率（%）
刚察县	75.75	75.75	0.00
海晏县	65.20	71.00	8.90
合计	140.95	146.75	4.11

数据来源：2024 年青海各调研地区农牧部门统计资料。

刚察县 2024 年底地毯毛羊存栏量为 75.75 万只，与 2023 年底持平，养殖规模保持稳定。一方面，成本压力和市场低迷使得养殖户不愿扩大规模。养殖大户面临草场租赁和饲草料购买费用增加的压力，担心亏损；普通养殖户在不考虑劳动力投入的情况下，收入仅能勉强覆盖成本，缺乏扩大养殖规模的动力。另一方面，出栏渠道有限，且低价出栏的意愿较弱，许多养殖户选择压栏，导致存栏量被动增加。刚察县政府采取了一系列政策措施来缓解这一困境，推动出栏进程。当地政府将牛羊出栏作为重点任务，出台了贷款贴息、冷链仓储补助和税收减免等政策，成立专班，将出栏任务纳入年度考核，确保责任落实，旨在促进牛羊收购、提升市场需求，进一步推动出栏。同时，政府还制定了出栏奖励办法，激励养殖户提高出栏积极性，缓解了压栏现象。因此，刚察县的养殖规模保持稳定，没有发生明显变化。

海晏县 2024 年底地毯毛羊存栏量达到 71.00 万只，较 2023 年底的 65.20 万只增加 8.90%。其存栏量增加的主要原因包括：一方面，地毯毛羊核心群的建设和生产性能提升奠定了良种基础。自 2021 年起，海晏县建成 5 个环湖藏羊繁育基地，组建 284 个核心群，繁殖成活率达到 95%，羔羊出生率提高 10% 以上。另一方面，万羊基地的建设和模式创新推动了存栏增长。海晏县计划投资 1.25 亿元建设年出栏 10 万只的标准化养殖基地，已建成多栋羊舍和青贮池。从 2024 年 4 月起，已从核心群筛选 1.2 万只藏羊羔羊进行托管养殖，至 2024 年底存栏超过 2 万只地毯毛羊。此外，养殖户的惜售情绪上升，部分养殖户因羊肉价格下降而产生惜售心理，可能导致压栏现象。为此，海晏县已出台奖励办法，安排 250 万元财政资金激励养殖户出栏，尽管惜售行为可能导致小幅压栏增加，但整体影响有限。

4. 2000—2023 年绒山羊存栏量先增后降，2024 年调研地区存栏量小幅增长

2000—2023 年我国绒山羊存栏量呈先波动增长后波动下降趋势（图 1）。具体来看，2000—2016 年我国绒山羊存栏量从 1 258.51 万只增至 2 250.23 万只，增幅为 78.80%；自 2017 年起，绒山羊存栏量下降，从 2 250.23 万只降至 2023 年的 1 502.63 万只，降幅为 33.22%。禁牧减畜政策、养殖成本增加、羊绒价格下跌及肉羊市场冲击是 2016 年以来绒山羊存栏量下降的主要原因，尽管 2023 年存栏量同比增长 8.04%，但是在环保政策和经济环境影响下，回升速度相对缓慢，绒山羊存栏量仍处于较低水平。

2024 年各调研地区绒山羊合计存栏量为 122.70 万只，较 2023 年的 119.72 万只小幅增长 2.49%（表 3）。具体来看，各调研地区绒山羊存栏量较

2023 年均有所增加。其中，巴林右旗 2024 年底绒山羊存栏量为 38.70 万只，较 2023 年底的 36.57 万只增长了 5.82％；本溪县 2024 年底绒山羊存栏量为 12.00 万只，较 2023 年底的 11.20 万只增长了 7.14％；盖州市 2024 年底绒山羊存栏量为 72.00 万只，较 2023 年底的 71.95 万只增长了 0.07％。

表 3　各调研地区绒山羊存栏量及变化情况

调研地区	2023 年（万只）	2024 年（万只）	变化率（％）
巴林右旗	36.57	38.70	5.82
本溪县	11.20	12.00	7.14
盖州市	71.95	72.00	0.07
合计	119.72	122.70	2.49

数据来源：2024 年内蒙古、辽宁各调研地区畜牧兽医部门统计资料和访谈记录。

各调研地区绒山羊养殖规模的增长主要源于相对稳定的养殖效益和地方政府的扶持。尽管我国肉羊产能持续增长，活羊和羊肉价格长时间大幅下降，但绒山羊的价格跌幅较小，养殖效益保持相对稳定。据巴林右旗、本溪县和盖州市的养殖户反映，2024 年绒山羊活羊出栏价格较 2023 年下降 1～2 元/千克，降幅在 5％～10％，低于绵羊及其他农产品。相对稳定的市场需求促进了养殖规模的扩大。同时，养殖技术的转型障碍较小，使得部分绵羊养殖户转型为绒山羊养殖户，进一步增加了养殖数量。此外，地方政府的扶持政策激励了养殖户的积极性，推动了绒山羊存栏规模的增长。如巴林右旗依托草原生态保护补助奖励政策和绒毛加工产业发展行动方案，实施了良种和人工授精补贴，推动当地优质绒山羊增产扩群。本溪县作为辽宁优质高产绒山羊生产基地，实施了羊群改良项目和技术推广，养殖规模持续增长。盖州市则将绒山羊养殖作为乡村产业振兴的重要抓手，与原种场合作推广高效繁殖和快速育肥技术，确保了养殖规模的稳步扩大。

（二）绒毛产量情况

1. 2000—2023 年细羊毛产量先增后降，2024 年调研地区产量有所下降

2000—2023 年我国细羊毛产量呈先增长后波动下降的趋势（图 2）。具体来看，2000—2017 年细羊毛产量小幅上升，从 11.74 万吨增至 12.79 万吨，增长了 8.94％；2017—2022 年，受存栏量下降及细毛羊产毛性能下滑影响，

产量从 12.79 万吨降至 6.88 万吨，降幅为 46.21%；2023 年细羊毛产量有所回升，同比增长 16.38%，达到 8.00 万吨，但仍处于相对低位。国内羊毛市场需求低迷、全球毛纺供应链格局重塑、外贸订单转移等是 2017 年以来细羊毛产量快速下降的主要原因。

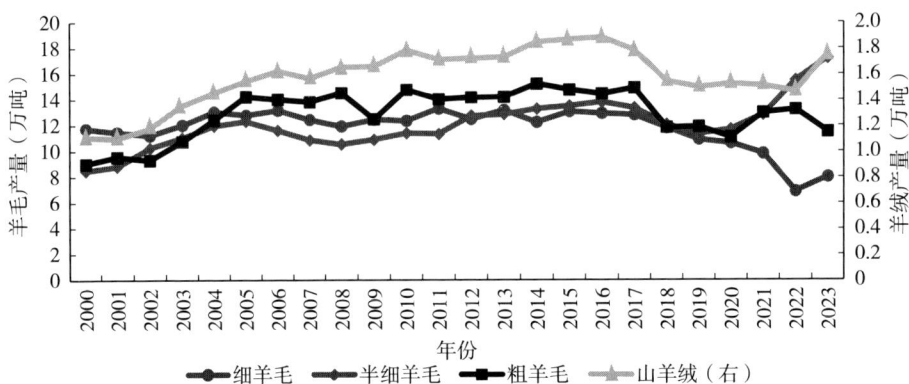

图 2　2000—2023 年我国绒毛产量变化情况

数据来源：《中国统计年鉴》。

2024 年，受细毛羊存栏数量变化影响，调研地区细羊毛产量总体呈下降趋势。2024 年调研地区细羊毛总产量为 113.27 吨，比 2023 年减少了 9.29 吨，降幅为 7.58%（表 4）。具体来看，新源县、七十七团 2024 年细羊毛产量分别为 66.01 吨和 18.77 吨，与 2023 年相比分别减少了 8.91 吨和 3.70 吨，降幅分别为 11.89% 和 16.47%；2024 年敖汉旗的细羊毛产量为 28.49 吨，与 2023 年相比增加 3.32 吨，增幅为 13.19%。

表 4　2023—2024 年各调研地区细羊毛产量变化情况

调研地区	2023 年（吨）	2024 年（吨）	变化率（%）
新源县	74.92	66.01	−11.89
七十七团	22.47	18.77	−16.47
敖汉旗	25.17	28.49	13.19
合计	122.56	113.27	−7.58

数据来源：2024 年新疆、内蒙古各调研地区农牧部门统计资料和访谈记录。

2. 2000—2023 年半细羊毛产量整体波动增长，近年来增长趋势较为明显

2000—2023 年我国半细羊毛产量整体呈现波动增长态势（图 2）。具体来看，2000—2016年半细羊毛产量呈波动增长趋势，从8.49万吨增至13.80万吨，增幅为62.54％；2016—2019年半细羊毛产量有小幅下降，从13.80万吨降至11.33万吨，降幅为17.90％。在此时期，半细毛羊存栏量减少、半细羊毛价格下跌等因素的影响是半细羊毛产量下降的主要原因。2019年以来，受半细毛羊存栏规模扩大的影响，半细羊毛产量开始逐年增长，从11.33万吨增至2023年的17.23万吨，增幅为52.08％。

3. 2000—2023年粗羊毛产量先增长后波动下降，2024年调研地区地毯毛产量小幅增长

2000—2023年我国粗羊毛[①]呈现先增长后波动下降的趋势（图2）。具体而言，2000—2017年粗羊毛产量从9.02万吨波动增长至14.91万吨，增长了65.30％；自2017年后，产量开始下降，2020年为11.07万吨，降幅为25.75％；在经历了2021年和2022年短暂的回升后，2023年粗羊毛产量再次降至11.52万吨，同比下降13.01％。

受地毯毛羊存栏数量增长和生产性能提升的影响，2024年调研地区地毯毛产量呈小幅增长趋势。2024年调研地区地毯毛产量为548.78吨，较2023年增加了8.71％。具体来看，刚察县的地毯毛产量略有增长，从2023年的244.00吨增至2024年的245.00吨，同比微增0.41％；海晏县的地毯毛产量大幅增长，从2023年的260.80吨增至2024年的303.78吨，同比增加16.48％（表5）。

表5　2023—2024年各调研地区地毯毛产量变化情况

调研地区	2023年（吨）	2024年（吨）	变化率（％）
刚察县	244.00	245.00	0.41
海晏县	260.80	303.78	16.48
合计	504.80	548.78	8.71

数据来源：2024年青海各调研地区农牧部门统计资料。

4. 2000—2023年羊绒产量先增后降，2024年调研地区羊绒产量小幅增长

2000—2023年我国羊绒产量总体呈现先增后降再回升的波动变化趋势，

①　我国绵羊毛按细度可以分为细羊毛、半细羊毛和粗羊毛，由于没有对粗羊毛产量的统计数据，本部分用全国绵羊毛产量减去细羊毛和半细羊毛产量，以此对全国的粗羊毛产量变化趋势进行分析。

2023 年回升显著，达到新高（图 2）。具体来看，2000—2016 年羊绒产量总体呈上升趋势，从 1.11 万吨逐步增长到 2016 年的 1.88 万吨，增长了 69.37％。从 2017 年开始，羊绒产量出现波动下降，从 1.78 万吨降至 2022 年的 1.46 万吨。这一阶段的产量回落主要受禁牧减畜政策和生产成本上涨的影响，养殖规模收缩。2023 年羊绒产量回升至 1.76 万吨，同比增长 20.55％。

2024 年受绒山羊存栏数量变化影响，调研地区的羊绒产量总体呈小幅增长趋势，合计产量从 2023 年的 794.77 吨增长到 2024 年的 806.97 吨。具体来看，巴林右旗、本溪县和盖州市的羊绒产量分别从 2023 年的 219.86 吨、138.60 吨和 436.31 吨增长至 2024 年的 221.35 吨、141.00 吨和 444.62 吨，增幅分别为 0.68％、1.73％和 1.90％（表 6）。

表 6　2023—2024 年各调研地区羊绒产量及变化情况

调研地区	2023 年（吨）	2024 年（吨）	变化率（％）
巴林右旗	219.86	221.35	0.68
本溪县	138.60	141.00	1.73
盖州市	436.31	444.62	1.90
合计	794.77	806.97	1.54

数据来源：2024 年内蒙古、辽宁各调研地区畜牧兽医部门统计资料和访谈记录。

（三）农牧户养殖行为和养殖意愿

绒毛用羊养殖户的养殖行为和养殖意愿可以反映其生产积极性，也可以反映出绒毛用羊产业是否具备进一步发展的动力。通过对农牧户调查数据的分析，2024 年绒毛用羊养殖户的养殖行为和养殖意愿呈现如下特点：

1. 绝大多数养殖户愿意继续从事绒毛用羊养殖

2024 年，有 97.50％的养殖户愿意继续从事绒毛用羊养殖活动。在这些愿意继续养殖的养殖户中，最主要的原因是养羊已经成为农牧户的生活习惯，选择该因素的农牧户占比高达 75.64％；其次是没有其他收入来源，29.49％的养殖户选择了该项；经济效益预期较好以及不想闲置草场资源也是重要的驱动因素，受选比例分别为 25.64％和 23.08％。另有 2.50％的养殖户表示不愿意继续养殖，这部分样本全部来自绒山羊养殖户，主要是绒山羊活羊价格偏低和养殖成本较高，影响了他们继续从事养殖的积极性。这表明，养羊在许多地区不仅是一种经济行为，更是一种深深植根于生活方式的传统活动。部分养殖户因缺乏其他收入来源而加深了对养羊的依赖，同时，对经济效益的预期也是其决策的重要考量（表7）。

表 7　样本养殖户从事绒毛用羊养殖的意愿及原因情况（多选，%）

意愿及原因	全部养殖户	细毛羊养殖户	地毯毛羊养殖户	绒山羊养殖户
打算继续养殖绒毛用羊	97.50	100.00	100.00	93.33
养殖经济效益预期较好	25.64	0.00	26.32	53.57
养羊已经成为生活习惯	75.64	67.74	89.47	75.00
没有其他收入来源	29.49	41.94	15.79	25.00
有草场资源，不想闲置	23.08	16.13	52.63	10.71
其他原因	11.54	16.13	15.79	3.57
打算放弃养殖绒毛用羊	2.50	0.00	0.00	6.67
活羊价格偏低	100.00	0.00	0.00	100.00
绒毛价格偏低	0.00	0.00	0.00	0.00
养殖成本较高	50.00	0.00	0.00	50.00
其他畜禽品种养殖收入高	0.00	0.00	0.00	0.00
非农行业工资水平高	0.00	0.00	0.00	0.00
禁牧政策的限制	0.00	0.00	0.00	0.00
年龄偏大	0.00	0.00	0.00	0.00
其他家庭成员不愿从事养殖	0.00	0.00	0.00	0.00
其他原因	0.00	0.00	0.00	0.00

数据来源：根据2024年度产业经济研究团队农牧户调查问卷整理计算得到。

　　分品种来看，不同品种的养殖户在继续养殖意愿和原因上表现出一定差异。首先，在养殖意愿方面，100%的细毛羊养殖户和地毯毛羊养殖户表示愿意继续从事养殖，而愿意继续从事养殖的绒山羊养殖户为93.33%，略低于其他两类。对养殖意愿的原因进行分析，可以发现，67.74%的细毛羊养殖户将养羊视为生活习惯，41.94%的细毛羊养殖户表示因缺乏其他收入来源而选择继续养殖，另有16.13%的细毛羊养殖户因拥有草场资源而继续养殖。由此可见，细毛羊养殖户对养殖的依赖程度较高，但其选择继续养殖更多是为了维系生活而非经济效益预期，表明其经济驱动力相对较弱。

地毯毛羊养殖户继续从事养殖活动的首要原因是将养羊视为生活习惯，并显示出对草场的较强依赖性，有52.63%的养殖户因不愿闲置草场而继续养殖。此外，26.32%的地毯毛羊养殖户因预期经济效益较好而选择养殖，相比细毛羊养殖户，地毯毛羊养殖户对预期收益的敏感度更高，显示出一定的经济驱动力。

在绒山羊养殖户中，有75.00%的养殖户表示养殖绒山羊早已成为他们的生活习惯，有53.57%的养殖户因经济效益预期良好而继续养殖，这一比重明显高于其他两类，反映出绒山羊养殖户对经济效益和市场波动的较高敏感性。

总体来看，养殖户对于继续从事绒毛用羊养殖活动的意愿较高，但不同品种的养殖户选择继续从事养殖的原因存在一定差异，细毛羊和地毯毛羊的养殖户更强调生活习惯和草场资源利用，而绒山羊的养殖户则更多考虑经济效益。

2. 活羊价格和草场条件是影响养殖规模决策的主要因素

调研数据显示，在影响绒毛用羊养殖户确定养殖规模的主要因素中，活羊价格和草场条件占主导地位，受其影响的养殖户比例分别为82.50%和47.50%。此外，饲料价格和劳动力成本的上升凸显了养殖成本因素的重要性，选择这一因素的养殖户比例为43.75%。资金储备对养殖规模的影响也较为明显，23.75%的养殖户表示在确定规模时会考虑自有资金情况。家庭劳动力数量的影响相对较低，仅有12.50%的养殖户选择了该因素，在劳动力老龄化的背景下，该因素仍是部分中小规模养殖户的重要考量。政府扶持政策在一定程度上发挥了积极作用，但总体影响力相对有限，仅有13.75%的养殖户选择了该因素。养殖技术水平和管理知识对养殖户决策的影响微弱，只有1.25%的养殖户认为技术是影响决策的主要因素（表8）。

表8　影响样本农牧户养殖规模的主要因素（多选,%）

影响因素	全部养殖户	细毛羊养殖户	地毯毛羊养殖户	绒山羊养殖户
活羊价格	82.50	74.19	94.74	83.33
绒毛价格	41.25	61.29	15.79	36.67
养殖成本	43.75	38.71	63.16	36.67
自有资金的多少	23.75	12.90	10.53	43.33
家庭劳动力数量	12.50	9.68	10.53	16.67

（续）

影响因素	全部养殖户	细毛羊养殖户	地毯毛羊养殖户	绒山羊养殖户
草场面积大小及牧草长势	47.50	67.74	42.11	30.00
养殖技术水平	1.25	0.00	5.26	0.00
养殖管理知识	0.00	0.00	0.00	0.00
政府扶持政策	13.75	25.81	10.53	3.33
其他因素	2.50	6.45	0.00	0.00

数据来源：根据2024年度产业经济研究团队农牧户调查问卷整理计算得到。

分不同养殖品种来看，影响因素的侧重点有所差异。按照选择比例排序，影响细毛羊养殖户的主要因素依次是活羊价格、草场条件以及绒毛价格，受选比例分别为74.19％、67.74％及61.29％。在地毯毛羊养殖户中，对活羊价格、养殖成本和草场情况更为关注，这三种因素的受选比例分别为94.74％、63.16％和42.11％。地毯毛羊养殖户对活羊价格的关注程度在三个品种羊养殖户中最高。对于绒山羊养殖户，除了活羊价格以外，自有资金对绒山羊养殖户的影响也较大，占比达43.33％，其他品种羊养殖户对此因素的关注相对较少。相较于其他品种，绒山羊养殖具有更高的资金需求或资金回报周期较长，导致养殖户在决策时更依赖自有资金。

这些影响因素的差异表明，不同养殖品种的养殖户在决策过程中对市场价格、草场条件及资金状况的重视程度存在明显差异，反映出了各类养殖户在规模选择时对资源配置的不同需求。

3. 多数养殖户不愿意扩大规模，活羊价格偏低和草场资源有限是主要限制因素

调研数据显示，大多数养殖户对扩大养殖规模持谨慎态度，活羊价格偏低和草场面积有限是主要原因。从受访农牧户来看，仅有32.50％的养殖户打算扩大养殖规模，67.50％的养殖户则不打算扩大养殖规模。具体来看，打算扩大规模的养殖户中，活羊和绒毛的预期价格是主要驱动因素，选择比例分别为53.85％和42.31％。此外，拥有丰富资源（如草地、劳动力和资金）也是重要考量，26.92％的养殖户将其列为主要影响因素。而政府的资金、技术等的扶持在此过程中影响甚微，仅有3.85％的养殖户表示受到积极影响（表9）。

表9 样本农牧户对扩大养殖规模的不同意愿及原因情况（多选，%）

意愿及原因	全部养殖户	细毛羊养殖户	地毯毛羊养殖户	绒山羊养殖户
打算扩大养殖规模	32.50	12.90	36.84	50.00
活羊预期价格较好	53.85	28.57	60.00	75.00
绒毛预期价格较好	42.31	0.00	60.00	50.00
拥有较多资源（草地、劳动力等）	26.92	57.14	20.00	0.00
政府加大了资金、技术等扶持力度	3.85	0.00	0.00	25.00
其他原因	23.08	42.86	20.00	0.00
不打算扩大养殖规模	67.50	87.10	63.16	50.00
活羊预期价格偏低	51.85	83.33	40.00	44.44
绒毛预期价格偏低	29.63	25.00	13.33	40.74
养殖成本较高	40.74	58.33	33.33	37.04
缺乏资金	16.67	0.00	46.67	7.41
缺乏劳动力	14.81	0.00	26.67	14.81
草场面积有限	50.00	66.67	13.33	62.96
养殖技术水平落后	0.00	0.00	0.00	0.00
缺乏养殖管理知识	0.00	0.00	0.00	0.00
政府扶持力度较弱	14.81	0.00	0.00	29.63
禁牧政策的限制	0.00	0.00	0.00	0.00
其他原因	9.26	16.67	0.00	11.11

数据来源：根据2024年度产业经济研究团队农牧户调查问卷整理计算得到。

对于不打算扩大规模的养殖户，活羊预期价格偏低和草场面积有限是主要顾虑，分别有51.85%和50.00%的养殖户选择了这两个因素。同时，持续上升的养殖成本也成为重要原因，40.74%的养殖户将其视为扩大养殖规模的主要障碍。此外，29.63%的养殖户认为绒毛价格预期下行也限制了其规模扩张的意愿。资金不足和劳动力短缺分别被16.67%和14.81%的养殖户视为限制因素。另有14.81%的养殖户指出，政府扶持力度较弱也是抑制其扩大养殖规模意愿的重要原因。

从不同养殖品种来看，扩大规模的意愿及其影响因素存在显著差异。首先，在扩大规模的意愿方面，绒山羊养殖户的意愿最高，达到50.00%；其次是地毯毛羊养殖户，比例为36.84%；而细毛羊养殖户的意愿最低，仅为

12.90％。对于影响扩大规模的因素，活羊预期价格较好是地毯毛羊养殖户和绒山羊养殖户共同关注的主要因素，受选比例分别高达 60.00％和 75.00％，而细毛羊养殖户则更关注资源充裕程度，如草地、劳动力、资金等，选择该因素的比例为 57.14％。此外，60.00％的地毯毛羊养殖户和 50.00％的绒山羊养殖户认为绒毛价格预期较好也是促使其扩大规模的重要原因。

对于不愿意扩大规模的养殖户，细毛羊养殖户的比例最高，达到 87.10％；地毯毛羊次之，为 63.16％；绒山羊最低，为 50.00％。其中，活羊预期价格偏低是所有品种养殖户共同面临的制约因素，受选比例分别为 83.33％、40.00％和 44.44％。此外，草场面积有限也是一个重要的制约因素，66.67％的细毛羊养殖户和 62.96％的绒山羊养殖户表示其规模受到草场限制；对于地毯毛羊养殖户而言，资金短缺同样是一个显著影响因素，46.67％的地毯毛羊养殖户认为该因素对其扩大养殖规模造成了限制。

4. 多数养殖户接受过培训，对新技术采纳表现出一定的积极性

从样本养殖户参与技术培训的经历来看，66.25％的养殖户表示接受过养殖技术培训。在参加培训的养殖户中，60.38％的养殖户每年参加 1～2 次（含 2次），39.62％的养殖户参加 2 次以上。政府组织的培训最为普遍，占 62.26％；其次是企业组织的技术培训，占 28.30％；而对于合作社组织的技术培训，养殖户参与度较低，仅为 7.55％。在新技术采纳方面，42.50％的养殖户表示会较早采用新技术，42.50％选择在他人采用后跟进，15.00％为较晚采用者（表 10）。

表 10　样本农牧户对技术培训及效果评价（部分多选，％）

指标	类别	全部养殖户	细毛羊养殖户	地毯毛羊养殖户	绒山羊养殖户
接受过养殖技术培训	是	66.25	74.19	57.89	63.33
	否	33.75	25.81	42.11	36.67
每年参加培训的次数	1～2 次（含 2 次）	60.38	69.57	54.55	52.63
	2 次以上	39.62	30.43	45.45	47.37
培训方（多选）	政府部门	62.26	34.78	100.00	73.68
	合作社	7.55	13.04	0.00	5.26
	企业	28.30	43.48	0.00	26.32
	其他	5.66	13.04	0.00	0.00

（续）

指标	类别	全部养殖户	细毛羊养殖户	地毯毛羊养殖户	绒山羊养殖户
对新技术采纳时机	村里较早采用者	42.50	22.58	52.63	56.67
	一部分采用后采用	42.50	67.74	21.05	30.00
	村里较晚采用者	15.00	9.68	26.32	13.33

数据来源：根据2024年度产业经济研究团队农牧户调查问卷整理计算得到。

　　从不同养殖品种来看，培训情况和技术采纳意愿存在差异。细毛羊养殖户中接受过养殖技术培训的比例达到74.19%，明显高于平均水平。其中，69.57%的养殖户每年参加1~2次培训，30.43%的养殖户参加2次以上培训。该群体的培训来源多元化，43.48%来自企业（如种羊场或毛纺加工企业），34.78%来自政府部门，13.04%由合作社提供。在技术采纳方面，67.74%的细毛羊养殖户选择在部分村民采用新技术后跟进，仅22.58%为较早采用者，显示出其对新技术的接受度较为保守。

　　地毯毛羊养殖户中，接受过养殖技术培训的比例为57.89%，在三个品种中最低，且政府部门在这一群体的培训中占据绝对主导地位，地毯毛羊养殖户参加的培训均由政府提供。在新技术采纳方面，52.63%的地毯毛羊养殖户是村里较早采用新技术者，21.05%表示会在部分村民采用新技术后跟进，显示出他们对新技术的较高接受度和较快的响应速度。

　　绒山羊养殖户中，63.33%接受过养殖技术培训，略低于总体平均水平。该群体每年参加2次以上培训的比例较高，达到47.37%。培训来源较为多样化，73.68%的培训来自政府部门，26.32%的培训来自企业，另有5.26%的培训来自合作社。在技术采纳方面，56.67%的绒山羊养殖户是村里较早采用新技术者，30.00%表示会在他人采纳后跟进，展现出其在技术创新中具有一定的积极主动性。

　　总体来看，技术培训在养殖户中普及率较高，政府和企业的技术培训带动了技术普及，但培训内容和培训方式仍有提升空间。

二、绒毛用羊养殖成本收益

　　绒毛用羊养殖的成本收益直接影响着养殖户的生产积极性，进而影响到我国羊毛、羊绒原料的市场供给和我国绒毛用羊产业的健康发展。本部分将利用产业经济研究团队 2024 年绒毛用羊农牧户调研数据，从绒毛用羊养殖总收益、养殖总成本和养殖纯收益三方面分析我国绒毛用羊养殖成本收益情况。

（一）养殖总收益

养殖总收益指农牧户在整个出栏周期内实现的总收入，本报告中绒毛用羊养殖总收益主要由绒毛产值[①]、出栏羊收入和其他副产品产值[②]组成。

1. 细毛羊、地毯毛羊和绒山羊养殖总收益分别为平均每只 909.17 元、628.08 元和 1 720.35 元

根据农牧户调研数据，2024 年调研地区细毛羊、地毯毛羊和绒山羊的养殖总收益分别为平均每只 909.17 元、628.08 元和 1 720.35 元（表 11）。绒山羊养殖总收益最高，地毯毛羊养殖总收益最低。

表 11　2024 年调研地区农牧户绒毛用羊养殖总收益及构成情况

项目	养殖收益（元/只）			养殖收益构成比例（%）		
	细毛羊	地毯毛羊	绒山羊	细毛羊	地毯毛羊	绒山羊
绒毛产值	74.13	2.92	462.00	8.15	0.47	26.85
出栏羊收入	834.74	625.16	1 257.12	91.81	99.53	73.07
其他副产品产值	0.30	0.00	1.23	0.04	0.00	0.08
养殖总收益合计	909.17	628.08	1 720.35	100.00	100.00	100.00

数据来源：根据 2024 年度产业经济研究团队农牧户调查问卷整理计算得到。

2. 细毛羊、地毯毛羊和绒山羊的养殖总收益皆以出栏羊收入为主，绒毛产值所占比例相对较小

从收益构成情况来看，细毛羊、地毯毛羊和绒山羊的绒毛产值分别为每只 74.13 元、2.92 元和 462.00 元，在各自总收益中所占比例分别为 8.15%、0.47% 和 26.85%。绒山羊的绒毛产值及其在总收益中所占比例显著高于其他两个羊种。

细毛羊、地毯毛羊和绒山羊的出栏羊收入分别为每只 834.74 元、625.16

---

① 绒毛产值指绒毛用羊养殖周期内所产羊绒和羊毛的产值。其中，已经销售的按照实际收入计算，养殖周期内所产羊绒和羊毛但尚未销售的则视同销售，按平均市场价格折算。

② 其他副产品产值指除绒毛产值和出栏羊收入以外的收入。

元和 1 257.12 元，在各自总收益中所占比例分别为 91.81％、99.53％ 和 73.07％。出栏羊收入仍是养殖总收益的主要构成部分。

（二）养殖总成本

养殖总成本指养殖户在绒毛用羊出栏周期内耗费的现金、实物、劳动力和土地等所有资源的成本。本报告中绒毛用羊养殖总成本包括幼畜购进费（羔羊折价）、精饲料费、饲草费、饲盐费、医疗防疫费、水电燃料费、死亡损失费分摊、修理维护费、草场租赁费、固定资产折旧、雇工费及其他费用。

1. 细毛羊、地毯毛羊和绒山羊养殖总成本分别为每只 735.80 元、452.67 元和 1 263.19 元

根据农牧户调研数据，按出栏口径核算方法，整理计算得出：2024 年调研地区细毛羊、地毯毛羊和绒山羊的养殖总成本分别为每只 735.80 元、452.67 元和 1 263.19 元（表 12）。绒山羊养殖总成本最高，地毯毛羊养殖总成本最低。

表 12　2024 年调研地区农牧户绒毛用羊养殖总成本及构成情况

项目	养殖总成本（元/只）			养殖总成本构成比例（％）		
	细毛羊	地毯毛羊	绒山羊	细毛羊	地毯毛羊	绒山羊
幼畜购进费（羔羊折价）	344.26	256.75	684.03	46.79	56.72	54.15
精饲料费	152.15	72.31	268.90	20.68	15.97	21.29
饲草费	84.94	28.10	108.83	11.54	6.21	8.62
饲盐费	2.05	0.25	4.24	0.28	0.06	0.34
医疗防疫费	5.50	1.12	20.93	0.75	0.25	1.66
水电燃料费	5.69	1.19	5.78	0.77	0.26	0.46
死亡损失费分摊	26.31	15.96	48.73	3.58	3.53	3.86
修理维护费	5.79	1.60	10.17	0.79	0.35	0.81
草场租赁费	5.84	45.90	0.00	0.79	10.14	0.00
固定资产折旧	31.00	12.89	41.36	4.21	2.85	3.27
其他	33.37	8.09	0.00	4.54	1.79	0.00
雇工费	38.90	8.51	70.22	5.28	1.87	5.54
养殖总成本合计	735.80	452.67	1 263.19	100.00	100.00	100.00

数据来源：根据 2024 年度产业经济研究团队农牧户调查问卷整理计算得到。

2. 细毛羊、地毯毛羊和绒山羊养殖总成本的主要构成项目为幼畜购进费（羔羊折价）、精饲料费、饲草费和死亡损失费分摊

从养殖总成本构成情况来看，细毛羊、地毯毛羊和绒山羊的幼畜购进费

（羔羊折价）分别为每只 344.26 元、256.75 元和 684.03 元，在各自总成本中所占比例分别为 46.79%、56.72% 和 54.15%；精饲料费成本分别为每只 152.15 元、72.31 元和 268.90 元，在各自总成本中所占比例分别为 20.68%、15.97% 和 21.29%；饲草费成本分别为每只 84.94 元、28.10 元和 108.83 元，在各自总成本中所占比例分别为 11.54%、6.21% 和 8.62%；死亡损失费分摊分别为每只 26.31 元、15.96 元和 48.73 元，在各自总成本中所占比例分别为 3.58%、3.53% 和 3.86%。此外，细毛羊的雇工费为每只 38.90 元，在其总成本中所占比例同样较高，达 5.28%；地毯毛羊的草场租赁费为每只 45.90 元，在其总成本中所占比例同样较高，达 10.14%；绒山羊的雇工费为每只 70.22 元，在其总成本中所占比例同样较高，达 5.54%。

（三）养殖纯收益和成本收益率

养殖纯收益为养殖总收益和养殖总成本的差值，反映了出栏周期内养殖户养殖绒毛用羊的净收益情况。成本收益率为养殖纯收益和养殖总成本的比值，反映了农牧户在一定成本投入水平上的获利能力。其计算公式分别为：

$$养殖纯收益＝养殖总收益－养殖总成本$$
$$成本收益率＝养殖纯收益/养殖总成本×100\%$$

绒山羊的养殖纯收益水平最高，地毯毛羊的养殖成本收益率最高，细毛羊的养殖纯收益水平及成本收益率相对较低。根据农牧户调研数据，按出栏口径核算方法，整理计算得出：2024 年调研地区细毛羊、地毯毛羊和绒山羊的养殖纯收益分别为每只 173.37 元、175.41 元和 457.16 元，成本收益率分别为 23.56%、38.75% 和 36.19%（表 13）。虽然地毯毛羊的养殖纯收益低于绒山羊的养殖纯收益，但地毯毛羊的养殖总成本与绒山羊的养殖总成本相比，其差距远远大于纯收益的差距，导致地毯毛羊的养殖成本收益率要高于绒山羊的养殖成本收益率。

表 13　2024 年调研地区农牧户绒毛用羊纯收益情况

单位：元/只

项目	细毛羊	地毯毛羊	绒山羊
养殖总收益	909.17	628.08	1 720.35
养殖总成本	735.80	452.67	1 263.19
养殖纯收益	173.37	175.41	457.16
成本收益率（%）	23.56	38.75	36.19

数据来源：根据 2024 年度产业经济研究团队农牧户调查问卷整理计算得到。

三、绒毛价格变动特征及原因

受国际政治经济形势和市场供需变化等多重因素影响，我国羊毛、羊绒市场价格近年来持续低位运行。2024 年，全球经济缓慢复苏，我国羊毛、羊绒市场价格有所回暖。本部分通过张家港羊毛市场、中国畜产品流通协会、中国纺织工业联合会、新华财经和内蒙古羊绒交易中心的数据，结合产业经济研究团队的调研数据，总结我国绒毛价格变动特征，并进一步分析了我国羊毛、羊绒价格变动的原因。

（一）羊毛价格变动特征及原因

1. 羊毛价格变动特征

（1）国内羊毛价格呈先波动增长后快速下行趋势，2024 年调研地区羊毛价格止跌回暖

2002—2023 年，国内羊毛价格[①]呈先波动增长后快速下行趋势（图 3）。2002—2006 年，国内羊毛价格维持在 12.5 元/千克左右。2007—2018 年，受

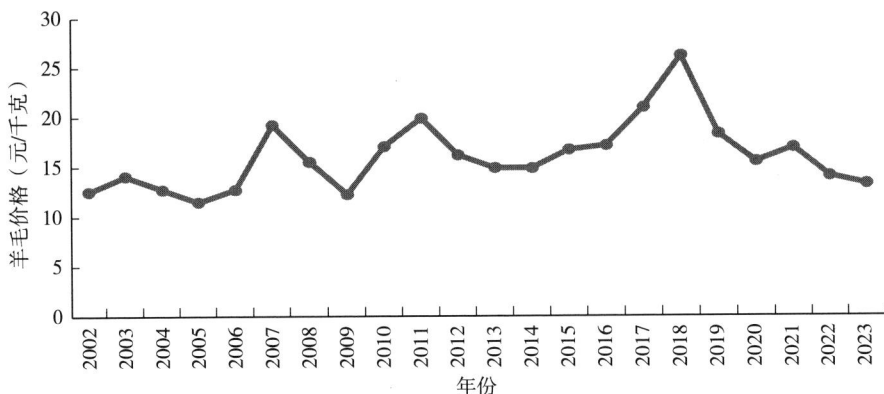

图 3   2002—2023 年羊毛价格变动情况

数据来源：《全国农产品成本收益资料汇编》。

---

① 《全国农产品成本收益资料汇编》自 2002 年起收录改良绵羊的羊毛销售价格，羊毛主要包括细羊毛、半细羊毛，本部分采用改良绵羊的羊毛价格分析国内羊毛原料价格。

世界经济形势和市场供需变化影响，国内毛纺加工业快速发展，羊毛价格大幅上涨，国内羊毛价格从 2007 年的 19.23 元/千克波动上涨至 2018 年的 26.18 元/千克。自 2019 年开始，受新冠疫情冲击带来的物流阻断、国内外羊毛制品消费需求低迷和国内毛纺企业去库存缓慢等因素影响，羊毛价格转入下行阶段，2023 年已经跌至 13.25 元/千克。

2024 年，国内各调研地区的细羊毛和地毯毛销售价格较 2023 年止跌回稳。根据产业经济研究团队调研数据，新源县和七十七团的细羊毛平均价格分别为 30.0 元/千克和 13.0 元/千克，与 2023 年持平；敖汉旗的细羊毛平均价格为 20.0 元/千克，较 2023 年上涨 33.33%。刚察县和海晏县地毯毛平均销售价格均为 5.0 元/千克，较 2023 年分别上涨了 25.00% 和 42.86%（表 14）。

表 14　2023—2024 年各调研地区羊毛平均价格

品种	调研地区	2023 年（元/千克）	2024 年（元/千克）	变化率（%）
细羊毛	新源县	30.0	30.0	0.00
	七十七团	13.0	13.0	0.00
	敖汉旗	15.0	20.0	33.33
地毯毛	刚察县	4.0	5.0	25.00
	海晏县	3.5	5.0	42.86

数据来源：各调研地区畜牧兽医部门统计资料。

（2）国毛条价格总体呈现波动下行态势，2024 年国毛条价格继续低位运行

2011 年以来[①]，国毛条总体呈现波动下行态势。国毛条 66S、64S 的平均价格分别从 2011 年的 93.83 元/千克、79.62 元/千克波动下降至 2024 年的 72.00 元/千克、47.13 元/千克，降幅分别为 23.27%、40.81%（图 4）。具体来看，2011—2014 年，随着我国经济进入新常态和世界经济的低速增长，国毛条 66S、64S 的价格分别从 2011 年的 93.83 元/千克、79.62 元/千克持续下降至 2014 年的 73.35 元/千克、62.89 元/千克；2015 年起，随着全球经济稳健复苏和国际市场需求回暖，加上国内羊毛生产条件的改善和销售方式的改进，羊毛价格明显上升，2018 年国毛条 66S、64S 的价格分别升至 119.49 元/千克、

---

　　① 张家港羊毛市场（中国羊毛信息网）收录了 2011 年 1 月以来的羊毛价格信息，因此本部分对 2011 年以来的羊毛价格变动情况进行分析。

95.85元/千克，为2011年以来最高水平。从2019年起，受国际政治经济环境、新冠疫情冲击等多重超预期因素影响，羊毛价格再次呈现低位运行态势。

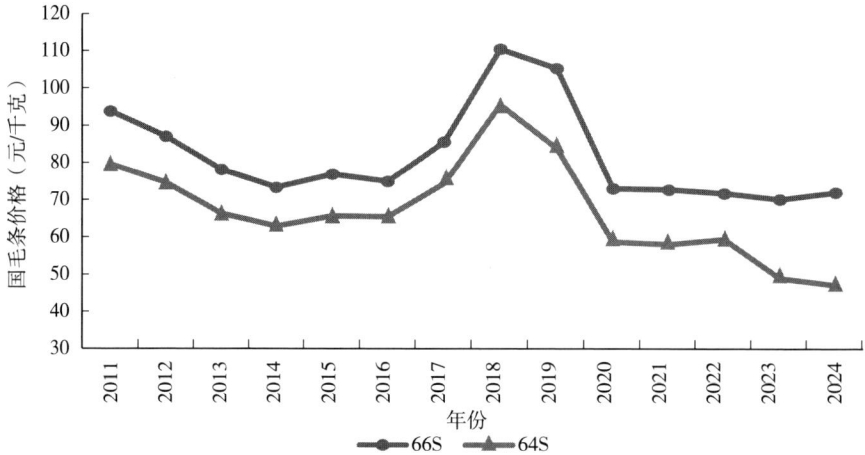

图4　2011—2024年我国国毛条64S、66S价格变化情况
数据来源：张家港羊毛市场（中国羊毛信息网）。

　　2024年1—10月，国毛条66S、64S的价格继续低位运行（图5）。通过计算可知，2024年国毛条66S的平均价格为72.00元/千克，较2023年的70.17元/千克上涨了2.61%；2024年国毛条64S的平均价格为47.13元/千克，较

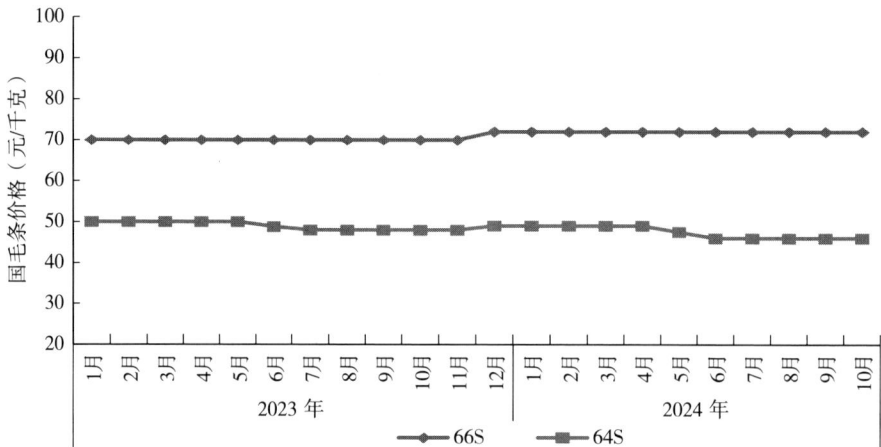

图5　2023年1月—2024年10月国毛条66S、64S价格变化情况
数据来源：张家港羊毛市场（中国羊毛信息网）。

2023年的48.98元/千克下降了3.78%。

（3）澳毛条价格呈现波动下行态势，2024年多数澳毛条价格继续下降

2011年以来，澳毛条总体呈现波动下行态势。澳毛条70S、66S和64S的平均价格分别从2011年的136.29元/千克、120.24元/千克和110.32元/千克波动下降至2024年的89.42元/千克、85.41元/千克和82.67元/千克，降幅分别为34.39%、28.97%和25.06%（图6）。具体来看，2011—2015年，澳毛条70S、66S和64S的价格分别从2011年的136.29元/千克、120.24元/千克和110.32元/千克持续下降至2015年的88.04元/千克、85.05元/千克和83.15元/千克；随着全球经济稳健复苏和国际市场需求的增长，羊毛价格明显上升，2018年澳毛条70S、66S、64S的价格分别升至144.68元/千克、136.95元/千克、134.36元/千克，为近10年来最高水平。2019年后，受新冠疫情带来的物流中断、贸易停滞等影响，澳毛条市场价格大幅下降。此后，全球经济遭遇地缘冲突、多国金融环境波动、通胀压力反复和不断积累的滞涨风险，国际政治经济形势更趋复杂，澳毛条市场价格持续低位运行。

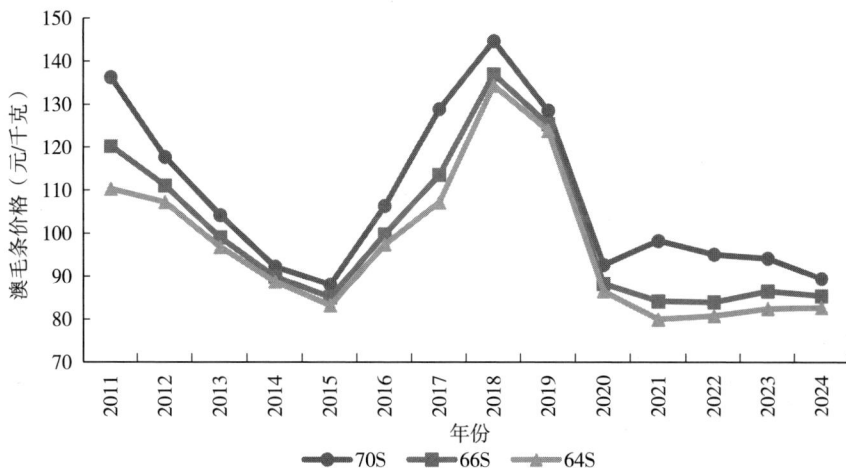

图6　2011—2024年澳毛条70S、66S、64S价格变化情况
数据来源：张家港羊毛市场（中国羊毛信息网）。

2024年1—12月，澳毛条70S、66S、64S的价格年内均呈现波动下降趋势，多数型号的澳毛条平均价格较2023年小幅下降（图7）。澳毛条70S是价

格最高的品种，其价格由 2024 年 1 月的 92.25 元/千克小幅降至 2 月的 88.75 元/千克后，又持续上涨至 6 月的 91.50 元/千克，7 月起再次转入下行通道，下降至 9 月的 86.83 元/千克，此后波动上涨至 12 月的 89.00 元/千克。通过计算可知，2024 年澳毛条 70S 的平均价格为 89.42 元/千克，较 2023 年的 94.11 元/千克下降了 4.98%。

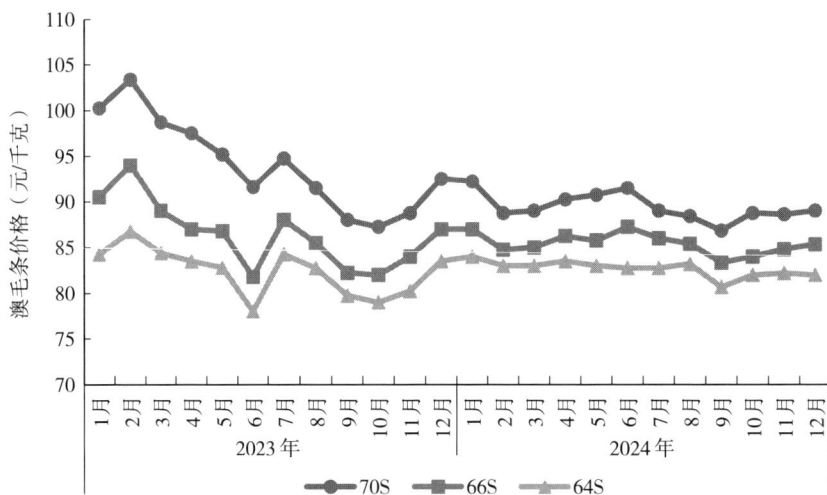

图 7　2023 年 1 月—2024 年 12 月澳毛条 70S、66S、64S 价格变化情况

数据来源：张家港羊毛市场（中国羊毛信息网）。

澳毛条 66S 的价格仅次于澳毛条 70S，其价格由 2024 年 1 月的 87.00 元/千克小幅下降至 2 月的 84.75 元/千克，此后缓慢上涨至 6 月的 87.25 元/千克，7 月起再次转入下行通道，持续下降至 9 月的 83.33 元/千克，此后小幅波动上涨至 12 月的 85.33 元/千克。通过计算可以知道，2024 年澳毛条 66S 的平均价格为 85.41 元/千克，比 2023 年的 86.45 元/千克下降了 1.20%。

澳毛条 64S 的价格由 2024 年 1 月的 84.00 元/千克下降至 2 月的 83.00 元/千克，缓慢波动下降至 9 月的 80.67 元/千克，此后小幅上涨至 12 月的 82.00 元/千克。通过计算可以知道，2024 年澳毛条 64S 的平均价格为 82.67 元/千克，比 2023 年的 82.39 元/千克微涨 0.34%。

2. 2024 年羊毛价格变动的原因

2024 年，国内羊毛价格止跌回暖，总体上继续呈现低位运行态势，主要原因在于以下几个方面：

（1）全球贸易活动低速增长，国际消费市场回暖导致羊毛原料价格止跌回稳

全球贸易是世界经济发展的重要动力和关键指标，在2023年因遭受高通胀、高利率冲击而持续低迷后，全球贸易2024年迎来拐点，重新走上增长轨道。世界贸易组织（WTO）于2024年10月发布的《全球贸易展望与统计报告》指出，全球贸易正在逐渐复苏，2024年上半年全球货物贸易量同比增长2.3%，2024年下半年和2025年将继续保持复苏态势。预计2024年全球商品贸易量将增长2.7%，2025年全球商品贸易量有望进一步增长3.0%。国际货币基金组织（IMF）于2024年10月发布的《世界经济展望》提出，在通货紧缩过程中，全球经济保持了异常强劲的韧性，2024年全球经济增速为3.2%，全球增长前景基本保持不变水平。联合国贸易和发展会议（UNCTAD）发布的《2024年全球贸易和发展报告》指出，当前全球经济正在进入低增长新常态，预计2024年和2025年全球经济年增速为2.7%。随着全球经济低速增长，部分海外市场需求回暖，叠加2023年同期基数较低等因素影响，我国纺织品服装出口延续增长态势。根据中国纺织品进出口商会公布的数据[①]，2024年1—12月，中国纺织服装累计出口3 011亿美元，同比增长2.8%。其中，纺织品出口1 419.6亿美元，增长5.7%；服装出口1 591.4亿美元，增长0.3%。中国海关快报数据显示，2024年1—11月，毛针织服装出口1.1亿件，同比增长5.3%；毛毯出口7.9亿条，同比增长6.1%；毛纱线、毛织物和毛梭织服装出口略有下降。我国纺织行业对部分市场出口仍呈较亮眼表现，2024年对美国、东南亚国家联盟（简称东盟）和欧洲联盟（简称欧盟）等主要市场出口额均稳步回升，其中对美国出口额增速连续5个月保持在5%以上，超过对全球出口增速；对东盟的柬埔寨、泰国，欧盟的荷兰、西班牙等国家出口纺织品服装金额同比增长超过8%。总体看来，受到全球经济低速增长、国际消费需求回暖的影响，2024年羊毛原料价格止跌回稳。但与此同时，由于需求的波动性以及地缘政治等风险加剧了环境的不确定性，羊毛价格依然处于低位运行状态。

（2）国内经济环境总体平稳，内需市场增长导致国内羊毛价格回暖

2024年，在我国居民收入及消费信心趋稳、国家促消费政策逐步显效等

---

① 2024年中国纺织服装出口额超3 000亿美元（https：//www.cntac.org.cn/zixun/shuju/202501/t20250114_4374046.html）。

因素支撑下，纺织品服装内销市场保持增长态势。国家统计局数据显示，2024年，全国居民人均消费支出 28 227 元，比 2023 年名义增长 5.3%，扣除价格因素，实际增长 5.1%。人均衣着消费支出 1 521 元，增长 2.8%。直播带货、即时零售等电商新模式继续激发线上消费潜力，2024 年 1—11 月，实物商品网上零售额 118 058.6 亿元，同比增长 6.8%。其中，穿类商品网上零售额同比增长 2.8%。随着内销市场的增长，纺织行业产能利用水平稳中有升，生产增速同比加快。2024 年前三季度规模以上纺织业、化纤业产能利用率分别为 78.3%、85.4%，较 2023 年同期分别提高 1.9 和 1.6 个百分点，高于同期全国规模以上工业企业 74.6% 的产能利用水平。纺织行业规模以上企业工业增加值同比增长 0.7%。规模以上企业完成服装产量 185.69 亿件，同比增长 3.94%。规模以上企业生产的毛纱线累计产量呈现回升增长，同比增速 4.6%。毛纺产品主要产品生产在 2024 年以来处于平稳或恢复区间，带动羊毛原料需求亦有所增长，推动羊毛价格回暖。

（3）优质细羊毛供给不足，导致细支型羊毛价格有所上涨

羊毛产品因其舒适、保暖和环保等特点而受到消费者的青睐，羊毛衫、西装套装和羊毛被等商品在市场上始终保持着稳定的需求量。随着科技的进步，羊毛产品的品质和功能也在不断提高，例如，具有更强保暖性、抗菌性和耐用性的羊毛产品被研发出来，这不仅进一步激发了消费者的购买欲望，也增加了对高品质细羊毛原料的需求。我国细羊毛产量自 2016 年以来总体呈现下降趋势，2023 年细羊毛产量为 8.00 万吨，依然处于较低水平。产业经济研究团队 2024 年对内蒙古、新疆等地细毛羊养殖户的调研数据也显示，2024 年调研地区的细羊毛总产量依然呈现下降态势。虽然我国每年都从澳大利亚进口大量羊毛以满足生产加工需要，但是澳大利亚的羊毛生产形势也不容乐观。澳大利亚羊毛产量预测委员会数据显示，该国 2023—2024 年度羊毛产量为 31.8 万吨，较 2022—2023 年度减少了 3.05%，随着该国气候条件的恶化，2024—2025 年度的羊毛产量将有所减少，预计减产幅度为 10.1%。澳毛产量的下降进一步加剧了全球羊毛供给的紧张局面。当前全球羊毛市场正处于供给收缩的阶段，为羊毛价格提供了坚实的底部支撑。优质细羊毛有效供给不足，推动国内细支型羊毛价格小幅上涨。

（4）国内羊毛生产成本增加推动羊毛原料价格小幅上涨

近年来，我国积极推行基本草原保护制度、禁牧休牧、划区轮牧和草畜

平衡保护措施，草原生态环境持续恶化势头得到明显遏制，同时，毛用羊的养殖资源环境约束日益增强，农牧户逐步向舍饲、半舍饲等养殖模式过渡，导致人工饲草料购置、舍饲棚圈及配套设施、雇工等成本费用显著增加，羊毛生产成本持续攀升。根据产业经济研究团队调研资料，新疆等羊毛主产区均实行了全年或季节性禁牧政策，细毛羊、地毯毛羊的养殖成本均存在上涨的趋势。新疆七十七团 2023 年因天然草场干旱少雨，饲草料缺口高达75％，从新源县、巩留县等地外调 18 千克标准捆的饲草料，市场销售价格高达 45～46 元/捆，平均单价约 2.5 元/千克；青海海晏县可利用草原面积为 448.36 万亩，禁牧面积为 208.64 万亩，草畜平衡面积 357 万亩，禁牧面积补助标准 13.24 元/亩，草畜平衡面积奖励标准 2.5 元/亩，而该县农牧户养殖一只地毯毛羊租赁草场的平均费用高达 44.5 元/只，调研地区农牧户圈舍建设及维修费用逐年增加，进一步提高了羊毛的生产成本，推动羊毛原料价格刚性上涨。

（二）羊绒价格变动特征及原因

1. 羊绒价格变动特征

（1）2002—2023 年羊绒原料价格呈先波动增长后震荡下降的趋势，2024年大部分调研地区羊绒价格微涨

2002 年以来[①]，羊绒原料价格波动较为频繁，总体呈先波动增长后震荡下降的趋势（图 8）。具体来看，2002—2013 年，随着国内外市场对羊绒及其制品需求的增加以及国内羊绒加工制造业的兴起，国内羊绒市场需求旺盛，其间虽受到金融危机影响，羊绒价格曾出现过小幅回落，但是随着世界经济复苏，羊绒价格总体呈现波动上涨态势，由 2002 年的 111.43 元/千克增长至 2013 年的 329.90 元/千克。2013 年起，受中美贸易摩擦、世界经济形势不景气和新冠疫情等因素影响，羊绒制品加工企业的原料需求受到抑制，羊绒价格表现出震荡下行态势，羊绒价格由 2013 年的 329.90 元/千克震荡下行至 2023 年的267.65 元/千克。

2024 年，除本溪县外，各调研地区羊绒销售价格较 2023 年同期相比均小

---

① 《全国农产品成本收益资料汇编》自 2002 年起收录羊绒收购价格，因此本部分对 2002 年以来的羊绒价格变动情况进行分析。

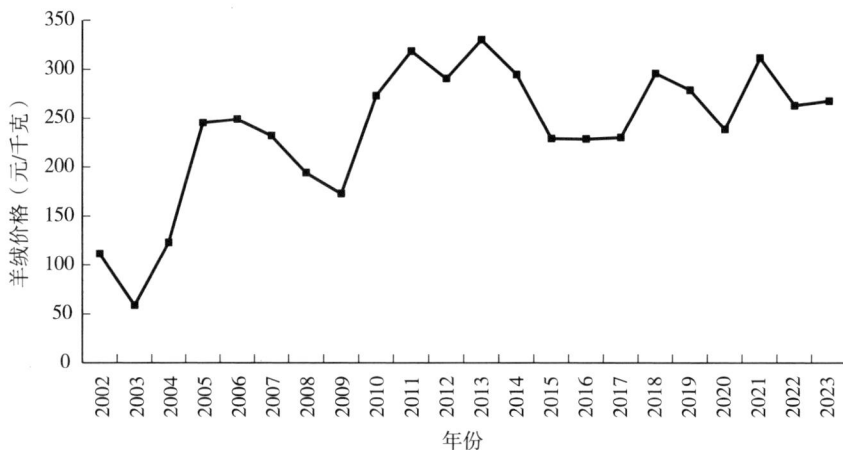

图 8　2002—2023 年羊绒价格变动情况

数据来源：《全国农产品成本收益资料汇编》。

幅上涨。具体来看，巴林右旗羊绒销售价格同比增幅最大，2024 年巴林右旗羊绒销售价格为 240.00 元/千克，较 2023 年的 230.00 元/千克上涨了4.35%；其次是盖州市，其 2024 年羊绒销售价格为 280.00 元/千克，较 2023年的 270.00 元/千克上涨了 3.70%；最后，本溪县 2024 年羊绒平均销售价格为 300.00 元/千克，与 2023 年羊绒平均销售价格持平（表 15）。

表 15　2023—2024 年各调研地区羊绒销售价格

调研地区	2023 年（元/千克）	2024 年（元/千克）	增减变动（%）
巴林右旗	230.00	240.00	4.35
本溪县	300.00	300.00	0.00
盖州市	270.00	280.00	3.70

数据来源：各调研地区畜牧兽医部门统计资料。

注：表格中羊绒价格为套子绒价格。

（2）2024 年羊绒价格波动增长，均价高于 2023 年

2024 年，我国羊绒价格整体呈现出波动增长态势。2024 年 12 月国内羊绒价格为 223.37 元/千克，较 1 月份的 221.21 元/千克微增 0.98%（图 9）。具体来看，1—4 月，受终端羊绒制品需求小幅回升影响，国内羊绒价格增长，由 221.21 元/千克增长至 229.05 元/千克，增长幅度为 3.54%；4—12 月，受

羊绒制品国际市场需求收缩的影响，国内羊绒价格波动下降，由229.05元/千克下降至223.37元/千克，降幅达2.48%。通过计算可知，2024年我国羊绒平均价格为223.98元/千克，较2023年的219.45万元/千克微涨2.06%。

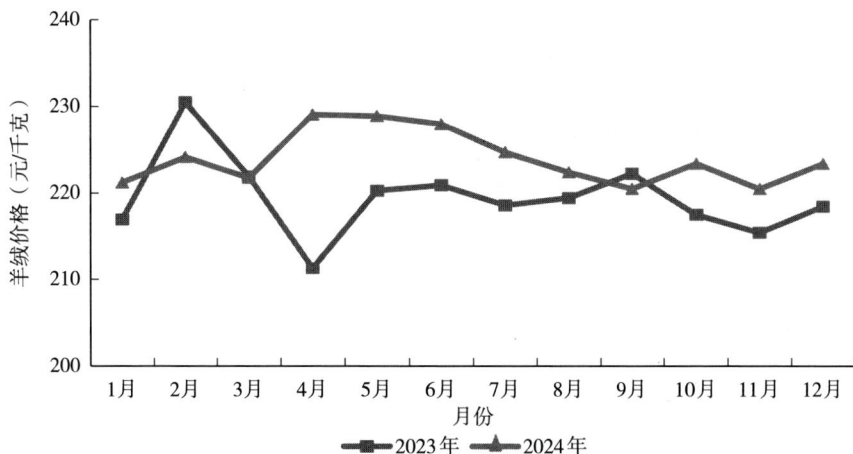

图9　2023年和2024年我国羊绒价格变化情况

数据来源：根据内蒙古羊绒交易中心羊绒交易价格和新华·岢岚绒山羊价格指数整理。

（3）2024年羊绒价格同比小幅上涨，同比增幅总体呈增长趋势

从图10可以看出，年内羊绒价格呈现出同比增长的趋势，且同比增幅总体呈增长趋势。羊绒价格同比增幅由2024年1月份的同比增长1.96%扩大至

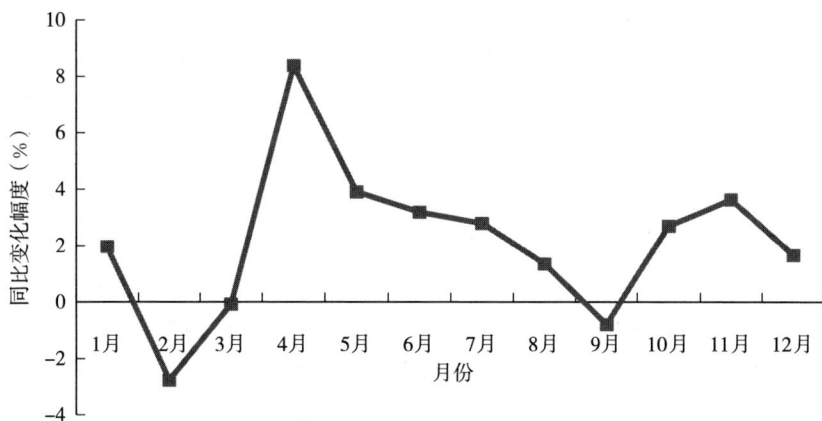

图10　2024年我国羊绒价格同比变化情况

数据来源：根据内蒙古羊绒交易中心羊绒交易价格和新华·岢岚绒山羊价格指数整理。

2024年10月的同比增长2.70%，后逐渐缩小至12月的2.26%。具体来看，2024年2—3月，羊绒价格低于2023年同期水平。2024年4—8月，羊绒价格始终高于2023年同期水平，但是随着终端羊绒消费制品消费需求的减少，同比增幅逐渐减小，至9月转为同比下降0.79%。10—11月，随着政府拉动消费政策的实施，羊绒消费需求有所回升，同比增幅由负转正，增长至2.70%。12月，羊绒市场进入淡季，羊绒价格同比增幅微降至2.26%。

2. 2024年羊绒价格变化的原因

羊绒价格变化是多方面因素共同作用的结果。2024年，我国羊绒价格略高于2023年同期水平，呈现恢复态势，部分调研地区的羊绒价格也出现小幅上涨，主要原因有以下几点：

（1）全球经济回暖，国际羊绒消费需求温和增长

我国羊绒及其制品是国际化程度相对较高的产品，每年生产的羊绒制品有60%左右出口国外，因此，国内羊绒价格容易受国际市场需求变化的影响。2024年全球市场预期明显改善，美国等发达经济体开启降息周期，全球经济增长整体趋于稳定。国际货币基金组织预测2024年全球经济增速为3.2%。世界贸易组织《货物贸易晴雨表》数据显示，在2023年通胀高企和利率上升导致贸易需求停滞之后，2024年第四季度的全球货物贸易景气指数已经升至102.7，全球货物贸易温和增长。在全球经济寻求新平衡状态下，欧美等羊绒制品主要消费市场呈现缓慢复苏状态。贝哲斯咨询预测2024年全球羊绒服装市场规模为24.6亿美元，预计在2024—2029年该市场将以6.2%的速度增长[1]。羊绒制品消费回暖推动2024年羊绒价格上涨。以羊绒衫出口情况为例，海关总署的数据显示，2024年中国羊绒衫累计出口量为2 427万件，出口金额为79 399万美元，较2023年分别同比增长了8.90%和18.59%。

（2）国内经济稳中向好，居民收入增长推动羊绒需求增加

面对经济下行压力，中国政府采取了一系列有力的政策措施，打出一套"组合拳"，推动经济稳定向上、结构向优、发展态势持续向好，经济运行由探底到筑底再到回升的演变迹象越来越明显。2024年中国政府采取积极的财政政策，加大财政政策调节力度，落实税费支持政策，降低微观经营主体税费负

---

① 羊绒服装行业发展概况：2024年全球市场规模为24.6亿美元（https：//baijiahao. baidu. com/s? id=1811491954802733021&wfr=spider&for=pc）。

担，优化财政支出结构，增加公共支出，促进经济平稳增长，扩大国内需求，并通过降准降息等货币政策释放货币流动性，进一步降低了企业融资成本，提升市场活跃度。据国家统计局数据，2024年中国实际国内生产总值（GDP）同比增长5.0%；与此同时，全国居民人均可支配收入41 314元，同比名义增长5.3%，扣除价格因素实际增长5.1%；社会消费品零售总额同比增长3.5%；限额以上企业（单位）服装鞋帽、针、纺织品类产品零售额为14 690.5亿元，累计同比增长0.30%。羊绒制品作为轻奢产品，具有较高的需求收入弹性，受经济增长影响明显。随着国内经济增速和居民收入增速的提升，羊绒制品的消费亦随之增长，使得羊绒原料需求增加，羊绒价格上涨。

（3）市场看涨情绪增加，市场投机行为增多

我国羊绒流通以传统流通模式为主，即"农牧民—小商贩—大商贩—加工企业"的流通模式，农牧户的羊绒主要经由商贩收购，而后由商贩贩卖至加工企业。受环境生态保护政策的影响，各地积极推广舍饲养殖，农牧户的棚圈建设投入、饲草料支出及人工成本均有所增加，使得山羊的养殖数量有所下降。2024年随着新绒的陆续入市，新绒相对稀缺的羊绒原料市场迎来了罕见的火爆上涨行情，羊绒交易市场活跃度骤增，羊绒价格短期内节节攀升，甚至出现了抢收抢购的现象。伴随着国家一系列利好政策的出台，纺织行业景气程度逐渐回升，2024年1—12月柯桥纺织指数总景气指数均值为1 289.84，较2023年同期增长1.02%。羊绒收购商贩对未来羊绒价格普遍看涨，纷纷入市收购羊绒原料，而我国各地大多缺乏规范的羊绒交易市场，大批贩子入市收购，导致市场的无序竞争，哄抬羊绒价格。此外，面对短期走高的羊绒市场价格，市场上的投机行为也增多，中间环节的收购商贩也开始大量囤积羊绒原料，以期后期高价抛出。市场的无序竞争和市场投机行为的增多也进一步推高了羊绒市场交易价格的上扬。

四、绒毛进出口情况

本部分根据海关总署统计数据和联合国商品贸易统计数据库（UN Comtrade）数据，总结我国羊毛、羊毛条和羊绒的历年贸易情况，并对2024年度影响绒毛进出口的主要因素进行分析。

（一）羊毛进出口情况

1. 羊毛、羊毛条贸易情况

（1）我国羊毛进口量总体呈增长态势，出口量相对较少，2024年羊毛进出口量均有所增长

2000年以来，我国羊毛进口量总体上呈波动增长态势，出口量相对较少（图11）。总体上看，羊毛进口量由2000年的23.98万吨波动增加至2024年的32.30万吨，增长了34.70%，年均增长率为1.25%。具体来看，随着我国参与区域经济一体化程度的加深以及贸易便利化程度的提升，我国与传统和新兴市场的贸易伙伴合作关系不断拓展。2000—2018年，我国羊毛进口量呈现波动上涨态势，羊毛进口量从2000年的23.98万吨波动上涨至2018年的36.99万吨。2018—2020年，受中美贸易摩擦以及新冠疫情带来的交通阻滞等超预期因素的影响，羊毛进口量快速下降。2020年后，随着全球经济的缓慢复苏、交通运输网络的恢复，国内毛纺企业在国际市场的购买量有所增加，我国羊毛进口量出现持续回升。2024年羊毛进口量较2023年增加了9.12%。

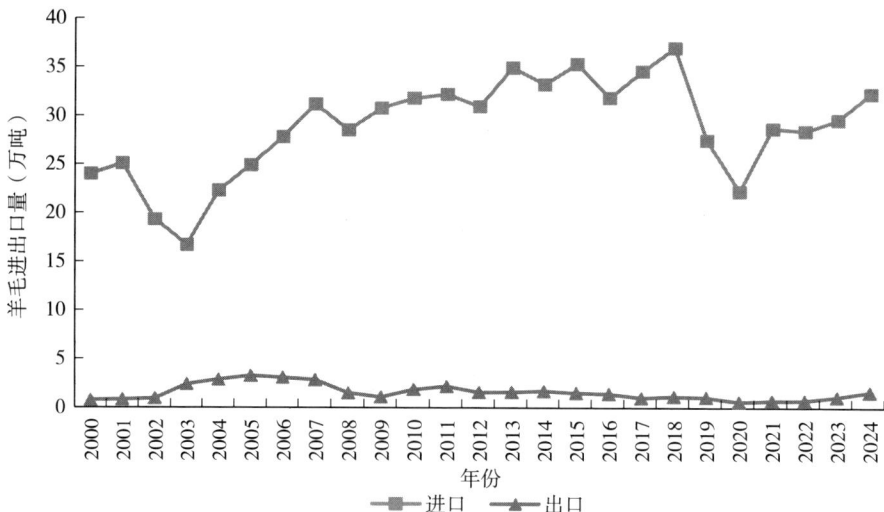

图11　2000—2024年我国羊毛进出口量变化情况
数据来源：UN Comtrade。

与澳大利亚和新西兰等羊毛主产国相比，我国羊毛品质整体不佳，国际市场优势并不明显，加上羊毛本身不耐储存，使得我国羊毛出口量相对稳定，一

直以较低的规模进行出口。2000 年以来，我国羊毛出口量最高为 2005 年的 3.27 万吨，其余多数年份出口量位于 1 万～3 万吨。总体来看，我国一直属于羊毛净进口国。

2024 年羊毛进口量、出口量较 2023 年均有所增长。2024 年我国羊毛进口量为 32.30 万吨，较 2023 年的 29.60 万吨增长了 9.12%。2024 年我国羊毛出口量为 1.61 万吨，较 2023 年的 1.10 万吨增长了 46.36%。

（2）我国羊毛条进口量总体呈下降态势，出口量总体呈增长态势，2024 年羊毛条进口量有所回升、出口量有所下降

2000 年以来，我国羊毛条进口量总体呈下降态势，出口量总体呈增长态势（图 12）。具体而言，羊毛条进口量由 2000 年的 6.14 万吨波动减少至 2024 年的 0.28 万吨，减少了 95.44%，年均降幅为 12.07%。羊毛条出口量由 2000 年的 0.75 万吨波动增加至 2024 年的 4.54 万吨，增加了 5.05 倍。比较来看，2005 年之前，我国羊毛条进口量大于出口量，我国属于羊毛条净进口国；2005 年以后，我国羊毛条出口量大于进口量，我国由羊毛条净进口国转变为净出口国。

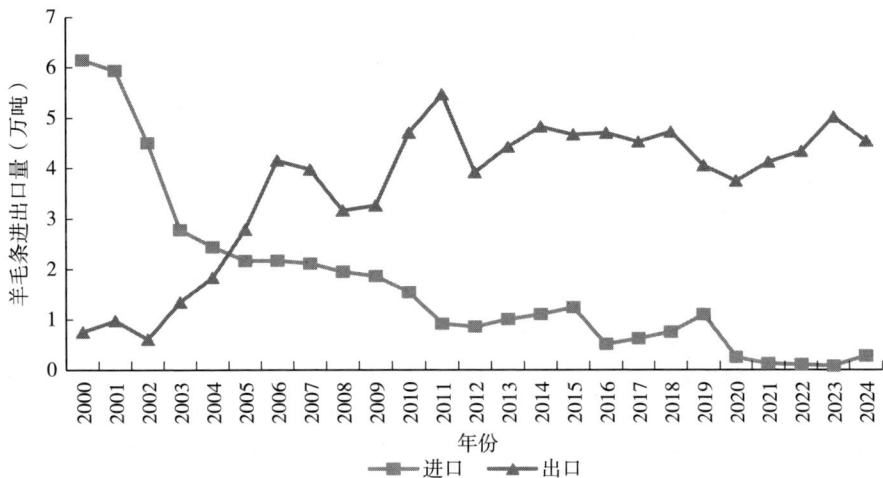

图 12　2000—2024 年我国羊毛条进出口量变化情况

数据来源：UN Comtrade。

伴随我国加入 WTO，国际市场合作关系显著增强，我国与澳大利亚、新西兰等羊毛主产国的贸易往来更加频繁。由于我国劳动力成本相对较低且拥有

较多的加工基地，导致国际社会对我国羊毛条产品的需求增加，因此 2000 年以来我国羊毛条出口量大幅增长。与出口不同的是，我国羊毛条进口下降趋势明显，可能的原因是：一方面，存在羊毛进口替代效应，羊毛进口需求大于羊毛条，且进口的羊毛成为国内羊毛条加工的主要原料产品；另一方面，我国羊毛条初加工能力较强，且羊毛条出口在国际羊毛市场上具有比较优势。因此我国是羊毛条净出口国，羊毛条进口量不断下降。

2024 年我国羊毛条进口量较 2023 年有所回升，出口量有所下降。2024 年我国羊毛条进口量为 0.28 万吨，较 2023 年的 0.08 万吨增长了 2.5 倍。2024 年我国羊毛条出口量为 4.54 万吨，较 2023 年的 5.02 万吨下降了 9.56%。

（3）我国羊毛贸易呈逆差格局，羊毛条贸易呈顺差格局，2024 年羊毛贸易逆差有所增加、羊毛条贸易顺差有所减少

2012 年以来，我国羊毛贸易呈逆差格局，羊毛条贸易呈顺差格局（表 16）。具体来看，我国羊毛进口额一直大于羊毛出口额，呈贸易逆差状态，羊毛贸易逆差于 2018 年达到峰值，为 31.71 亿美元。我国羊毛条进口额一直小于羊毛条出口额，呈贸易顺差状态，且贸易顺差于 2018 年达到峰值，为 5.40 亿美元。

表 16　2012—2024 年我国羊毛、羊毛条进出口贸易额变化情况

单位：百万美元

年份	羊毛			羊毛条		
	进口额	出口额	贸易逆差	进口额	出口额	贸易顺差
2012	2 595.92	86.64	2 509.28	72.27	500.87	428.60
2013	2 761.25	85.15	2 676.10	78.74	507.97	429.23
2014	2 400.94	90.40	2 310.54	81.84	505.79	423.95
2015	2 478.17	67.09	2 411.08	93.98	436.57	342.59
2016	2 349.50	65.47	2 284.03	38.09	410.47	372.38
2017	2 755.99	48.87	2 707.12	43.85	466.44	422.59
2018	3 225.79	54.69	3 171.10	55.93	596.23	540.30
2019	2 395.92	54.02	2 341.90	79.01	512.54	433.53
2020	1 626.42	31.93	1 594.49	19.79	328.03	308.24
2021	2 404.89	39.20	2 365.69	11.14	372.21	361.07
2022	2 223.71	38.75	2 184.96	10.74	509.05	498.31
2023	2 029.09	47.30	1 981.79	6.43	498.85	492.42
2024	2 030.92	42.82	1 988.10	16.16	402.89	386.73

数据来源：海关总署。

2024年我国羊毛贸易逆差有所增加，羊毛条贸易顺差有所减少。具体来看，2024年我国羊毛进口额为20.31亿美元，较2023年增加了0.10％；羊毛出口额为0.43亿美元，较2023年减少了8.51％。我国羊毛在国际贸易中仍延续逆差格局，贸易逆差为19.88亿美元，较2023年增加了0.30％。我国羊毛条进口额为0.16亿美元，较2023年增加了166.67％；羊毛条出口额为4.03亿美元，较2023年减少了19.24％。我国羊毛条在国际贸易中继续表现为顺差格局，贸易顺差为3.87亿美元，与2023年相比减少了21.34％。

（4）2024年羊毛、羊毛条进出口贸易国均较为集中

2024年，我国羊毛进口来源国比较集中，前五大进口来源国依次是澳大利亚、新西兰、南非、乌拉圭和英国。其中，仅从澳大利亚一国的羊毛进口量就高达19.29万吨，占我国羊毛进口总量的59.73％；从新西兰、南非、乌拉圭和英国进口羊毛总量分别为3.37万吨、2.12万吨、1.80万吨和0.82万吨，占我国羊毛进口总量的比重分别为10.44％、6.56％、5.58％和2.55％（表17）。

表17　2024年我国羊毛主要进出口国的贸易量及比重

位次	进口			出口		
	国家	进口量（万吨）	比重（％）	国家	出口量（万吨）	比重（％）
1	澳大利亚	19.29	59.73	印度	0.83	51.77
2	新西兰	3.37	10.44	英国	0.15	9.30
3	南非	2.12	6.56	日本	0.11	6.80
4	乌拉圭	1.80	5.58	韩国	0.11	6.69
5	英国	0.82	2.55	意大利	0.10	6.19
合计		27.40	84.86		1.30	80.75

数据来源：海关总署。

2024年，我国羊毛五大出口目的国依次是印度、英国、日本、韩国和意大利。其中，我国对印度羊毛出口量为0.83万吨，占羊毛出口总量的比重为51.77％；对英国、日本、韩国和意大利的羊毛出口量分别为0.15万吨、0.11万吨、0.11万吨和0.10万吨，分别占我国羊毛出口总量的9.30％、6.80％、6.69％和6.19％。

2024 年，我国羊毛条进口来源地也比较集中，前五大进口来源地依次是乌拉圭、马来西亚、阿根廷、缅甸和埃及。其中，乌拉圭、马来西亚和阿根廷是 2024 年我国羊毛条的最主要进口来源国，从以上三个国家的羊毛条进口量合计为 0.23 万吨，占羊毛条进口总量的比重为 81.70％；从缅甸和埃及的羊毛条进口量合计为 0.02 万吨，占羊毛条进口总量的比重为 8.57％（表 18）。

表 18　2024 年我国羊毛条主要进出口国的贸易量及比重

位次	进口			出口		
	国家	进口量（万吨）	比重（％）	国家	出口量（万吨）	比重（％）
1	乌拉圭	0.11	38.35	印度	1.15	25.37
2	马来西亚	0.07	26.35	意大利	0.69	15.27
3	阿根廷	0.05	17.00	越南	0.49	10.87
4	缅甸	0.01	5.23	德国	0.45	9.89
5	埃及	0.01	3.34	日本	0.35	7.72
合计		0.25	90.27		3.13	69.12

数据来源：海关总署。

2024 年，我国羊毛条的五大出口目的国依次是印度、意大利、德国、越南和日本。对印度、意大利、德国、越南和日本出口羊毛条总量分别为 1.15 万吨、0.69 万吨、0.49 万吨、0.45 万吨和 0.35 万吨，占我国羊毛条出口总量的比重分别为 25.37％、15.27％、10.87％、9.89％和 7.72％。

（5）2024 年羊毛主要贸易省份是江苏、浙江、河北和山东，羊毛条主要贸易省份是江苏、上海、河北和浙江

2024 年，我国羊毛进口量居前五位的省份依次是江苏、浙江、山东、上海和河北，该五省份羊毛进口量合计为 29.72 万吨，占我国羊毛进口总量的 92.02％。其中，江苏羊毛进口量位居第一，进口量达到 18.19 万吨，占我国羊毛进口总量的 56.30％；浙江羊毛进口量位居第二，为 6.77 万吨，占我国羊毛进口总量的 20.95％；山东、上海和河北的羊毛进口量分别为 1.92 万吨、1.46 万吨和 1.38 万吨，分别占我国羊毛进口总量的 5.96％、4.53％和 4.28％（表 19）。

表19　2024年我国羊毛主要进出口省份的贸易量及比重

位次	进口			出口		
	省份	进口量（万吨）	比重（%）	省份	出口量（万吨）	比重（%）
1	江苏	18.19	56.30	河北	0.89	55.48
2	浙江	6.77	20.95	江苏	0.40	25.04
3	山东	1.92	5.96	广东	0.19	11.58
4	上海	1.46	4.53	西藏	0.08	4.74
5	河北	1.38	4.28	上海	0.03	1.73
合计		29.72	92.02		1.59	98.57

数据来源：海关总署。

2024年，我国羊毛出口量居前五位的省份依次是河北、江苏、广东、西藏和上海，该五省份的羊毛出口量合计为1.59万吨，占我国羊毛出口总量的98.57%。其中，河北羊毛出口量位居全国第一，其出口量达0.89万吨，占我国羊毛出口总量的55.48%；江苏羊毛出口量居第二位，为0.40万吨，占我国羊毛出口总量的25.04%；广东、西藏和上海羊毛出口量分别为0.19万吨、0.08万吨和0.03万吨，分别占我国羊毛出口总量的11.58%、4.74%和1.73%。

2024年，我国羊毛条进口量居前五位的省份依次是江苏、上海、浙江、天津和河北，五个省份羊毛条进口量合计为0.28万吨，占我国羊毛条进口总量的99.97%。其中，江苏羊毛条进口量位居全国第一，达0.19万吨，占我国羊毛条进口总量的66.30%；上海、浙江、天津和河北的羊毛条进口量合计为0.09万吨，占我国羊毛条进口总量的33.67%（表20）。

表20　2024年我国羊毛条主要进出口省份的贸易量及比重

位次	进口			出口		
	省份	进口量（万吨）	比重（%）	省份	出口量（万吨）	比重（%）
1	江苏	0.19	66.30	江苏	2.17	47.72
2	上海	0.09	32.10	河北	0.98	21.61
3	浙江	0.00	1.03	浙江	0.71	15.73
4	天津	0.00	0.43	上海	0.40	8.90
5	河北	0.00	0.11	广东	0.10	2.26
合计		0.28	99.97		4.36	96.22

数据来源：海关总署。

2024年，我国羊毛条出口量居前五位的省份依次是江苏、河北、浙江、上海和广东，该五省份的羊毛条出口量合计为4.36万吨，占我国羊毛条出口总量的96.22%。其中，江苏的羊毛条出口量位居全国第一，其出口量达2.17万吨，占我国羊毛条出口总量的47.72%；河北羊毛条出口量居第二位，为0.98万吨，占我国羊毛条出口总量的21.61%；浙江羊毛条出口量位居第三位，为0.71万吨，占我国羊毛条出口总量的15.73%；上海羊毛条出口量位居第四位，为0.40万吨，占我国羊毛条出口总量的8.90%；广东羊毛条出口量位居第五位，为0.10万吨，占我国羊毛条出口总量的2.26%。

（6）2024年原毛进口量同比增加，出口量为零，洗净毛、羊毛落毛进出口量同比均增加

2024年，我国原毛进口量为27.52万吨，同比增加8.65%；进口额为19.49亿美元，同比减少0.61%。原毛主要进口来源国有澳大利亚、南非、新西兰、乌拉圭和法国，从这五个国家的合计进口量占原毛进口总量的91.24%；主要进口省份是江苏、浙江、山东、上海和河北，合计进口量占原毛进口总量的97.63%。2024年我国原毛出口量为零。

2024年，我国洗净毛进口量为4.60万吨，同比增加9.26%；进口额为0.78亿美元，同比增加18.18%。洗净毛主要从新西兰、蒙古国、乌拉圭、英国和俄罗斯等国进口，从上述五个国家的合计进口量占洗净毛进口总量的74.01%；主要进口省份是江苏、内蒙古、山东、天津和新疆，其合计进口量占洗净毛进口总量的78.88%。2024年，我国洗净毛出口量为1.22万吨，同比增加46.99%；出口额为0.34亿美元，同比增加0.58%。洗净毛主要出口至印度、英国、韩国、日本和尼泊尔，对这五个国家的合计出口量占洗净毛出口总量的80.70%；主要出口省份有河北、江苏、西藏、上海和广东，合计出口量占洗净毛出口总量的98.11%。

2024年，我国羊毛落毛进口量为0.16万吨，同比增加128.57%；进口额为0.03亿美元，同比增加50.00%。羊毛落毛主要从乌拉圭、捷克、意大利、阿根廷和印度进口，从上述五个国家的合计进口量占羊毛落毛进口总量的89.83%；进口省份是江苏、浙江、天津和河北，合计进口量占羊毛落毛进口总量的100.00%。2024年，羊毛落毛出口量为0.29万吨，同比增加7.41%；出口额为0.08亿美元，同比减少42.86%。羊毛落毛主要出口至印度、意大利、日本、毛里求斯和保加利亚，对这五个国家的合计出口量占羊毛落毛出口

总量的 93.05%；出口省份是广东、江苏和山东，合计出口量占羊毛落毛出口总量的 100.00%。

（7）2024 年羊毛条及其他精梳羊毛、粗梳羊毛进口量同比均增加，出口量同比均减少

2024 年，我国羊毛条及其他精梳羊毛进口量为 0.19 万吨，同比增加 216.67%；进口额为 0.15 亿美元，同比增加 144.93%。羊毛条及其他精梳羊毛主要从乌拉圭、阿根廷、埃及、保加利亚和秘鲁等国进口，从上述五个国家的合计进口量占羊毛条及其他精梳羊毛进口总量的 92.50%；主要进口省份是江苏、上海、浙江，该三省份进口量占羊毛条及其他精梳羊毛进口总量的 100.00%。2024 年，我国羊毛条及其他精梳羊毛出口量为 3.26 万吨，同比减少 8.68%；出口额为 3.74 亿美元，同比减少 17.62%。羊毛条及其他精梳羊毛主要出口至意大利、越南、德国、日本和韩国，对这五个国家的出口量占羊毛条及其他精梳羊毛出口总量的 69.68%；出口省份主要是江苏、浙江、上海、山东和河北，合计出口量占羊毛条及其他精梳羊毛出口总量的 99.93%。

2024 年，我国粗梳羊毛进口量为 15.98 吨，同比增加 1 872.84%；进口额为 4.01 万美元，同比增加 536.51%。粗梳羊毛出口量为 1.20 万吨，同比减少 7.69%；出口额为 0.21 亿美元，同比减少 29.46%。粗梳羊毛主要出口至印度、英国、韩国、蒙古国和德国，对这五个国家的合计出口量占粗梳羊毛出口总量的 98.84%；主要出口省份是河北、广东、天津、浙江和陕西，合计出口量占粗梳羊毛出口总量的 98.55%。

2. 2024 年我国羊毛进出口变动的主要原因

（1）我国羊毛进口变动的主要原因

①主产国羊毛价格下行，刺激毛纺企业原料购买量有所增加。2024 年，澳大利亚等羊毛主产国的羊毛市场价格年内呈下行趋势，刺激了国内毛纺加工企业购买量的增加，进而带动羊毛进口量的增长。根据张家港羊毛市场信息统计数据，2024 年 12 月 18 日澳大利亚东部、西部、南部和北部地区羊毛价格指数分别为 1 154 澳分/千克、1 192 澳分/千克、1 129 澳分/千克和 1 298 澳分/千克，与 2024 年 1 月 10 日的价格指数相比，分别下降了 4.86%、6.51%、3.59% 和 2.04%。国际羊毛价格的下降使得中国羊毛加工企业更愿意增加进口量，以满足不断增长的国内市场需求。尤其是在国内市场对高品质羊毛制品需求持续增长的情况下，低价进口羊毛可以更好地满足消费者的高品质需求，

提升产品的市场竞争力。

②国内羊毛制品消费增加，促进羊毛原料进口增加。2024 年中国经济呈稳定增长态势。国家统计局的数据显示，2024 年，中国 GDP 达到 1 349 084 亿元，较 2023 年增加了 5.0 个百分点，其中，一季度同比增长 5.3%，二季度同比增长 4.7%，三季度同比增长 4.6%，四季度同比增长 5.4%。在宏观经济稳中向好的同时，全国居民人均可支配收入保持高速增长。根据国家统计局公布数据，2024 年，全国居民人均可支配收入 41 314 元，比 2023 年名义增长 5.3%，扣除价格因素，实际增长 5.1%。居民收入的增长使得羊毛制品零售市场需求旺盛，进而促进了羊毛加工企业的投资和生产。国家统计局的相关数据显示，2024 年中国纺织业固定资产投资同比增加 15.6%，纺织行业规模以上企业工业增加值同比增长 5.1%，限额以上企业（单位）服装鞋帽、针、纺织品类产品零售额同比增加 0.3%。由于国内羊毛制品终端需求较为旺盛，导致羊毛原料的进口积极性增加。

③国内羊毛有效供给不足，推动羊毛进口增加。近年来，尽管国内经济增长速度有所放缓，但是影响我国毛用羊产业有效供给的因素更为复杂多样，包括市场供需关系、国际形势、成本控制等各方面，国内羊毛有效供给仍然不足。2023 年我国细羊毛产量为 8.00 万吨，依然处于较低水平。根据产业经济研究团队调研数据，2024 年调研地区细羊毛产量呈现减少趋势，总产量为 113.27 吨，比 2023 年减少 9.29 吨，降幅为 7.58%。我国作为全球最大的羊毛制品加工国，长期以来国内羊毛生产一直难以完全满足国内加工行业的需求。在当前国内外市场对羊毛制品的消费需求逐渐回暖的背景下，国内羊毛产量低速增长仍然不能弥补羊毛供需缺口的进一步扩张。为了应对这一挑战，我国的羊毛加工企业增加了羊毛进口量，以确保能够获得足够的原材料来支持其生产活动，满足市场需求。

（2）我国羊毛出口变动的主要原因

①贸易自由化和区域经济伙伴关系更加密切，促进我国羊毛出口规模扩大。21 世纪以来，我国对外开放程度不断加深，贸易自由化程度不断加强。近年来，为优化全球产业链布局、拓展多元出口市场、缓解外部风险影响及改善外贸结构，中国毛纺织业积极深化与东盟国家的合作，并加大在当地的投资力度。多家知名纺织企业，如天虹国际集团、雅戈尔集团、鲁泰纺织股份有限公司、申州针织有限公司等，在越南、柬埔寨、印度尼西亚等东盟国家设立工厂，促使大量服装订单转向这些国家，同时推动了中国对东盟国家羊毛出口的

增长。此外，区域全面经济伙伴关系协定（RCEP）正式实施以来，我国与相关国家的贸易紧密程度不断加深，贸易合作关系不断拓展。RCEP 的实施使得我国对相关国家和地区的羊毛出口贸易量明显增长，海关总署数据显示，2024年我国对印度、日本和韩国的羊毛出口量为 1.05 万吨，同比增长 156.10%。

②人民币兑美元汇率贬值，有利于扩大国内羊毛出口。2024 年人民币兑美元汇率中间价继续下跌。根据中国人民银行授权中国外汇交易中心数据，人民币兑美元汇率中间价由 2023 年 12 月 29 日的"1 美元＝7.082 7 元人民币"贬值到 2024 年 12 月 31 日的"1 美元＝7.188 4 元人民币"，贬值了 1.49%。在羊毛加工企业产品定价不变的情况下，人民币兑美元汇率的贬值相当于变相降低了企业国内羊毛制品的出口价格，进而有利于刺激国际市场对我国羊毛制品的消费需求，使得我国羊毛的出口规模同比扩大。

③市场消费者信心上升，国际采购力提高。2024 年，全球经济继续复苏，欧盟等我国羊毛主要出口市场经济均呈现增长趋势，且消费者信心指数也呈现波动趋稳态势。据欧盟委员会公布数据，2024 年欧元区消费者信心指数波动增加，从 2024 年 2 月 28 日的－15.5 增长至 2024 年 12 月的－14.5。欧盟是世界最大的羊毛消费地区，该地区消费者信心上升，使得羊毛制品消费需求有所增加，进而导致当地市场羊毛和羊毛条采购能力提高。根据中国海关数据，2024 年我国对欧盟的荷兰、西班牙等国家出口纺织品服装金额同比增长超过 8%。

（二）羊绒进出口情况

1. 羊绒贸易情况

（1）羊绒进口先波动增长后震荡下降，出口规模较小；2024 年羊绒进出口量均同比减少，逆差减少

2002 年以来，我国羊绒进口呈现先波动增长后震荡下降的趋势，出口规模较小（图 13）。具体来看，2002—2009 年，受益于加入 WTO 和全球需求的扩张，我国羊绒进口量从 802.41 吨快速增至 6 277.84 吨，年均增长率高达34.16%；2009—2012 年，受金融危机和贸易保护主义影响，羊绒进口量下滑；2012—2017 年，随着国际经济环境的改善以及我国绒毛加工企业的快速发展，羊绒进口量再次快速增长，2017 年羊绒进口量高达 7 297.47 吨；2017年后，羊绒进口量呈现震荡下降趋势。受新冠疫情影响，2021 年积压海关的部分原绒在 2022 年进口，使得 2022 年羊绒进口量达到历年来最高值 7 605.59

吨，随后逐年下降，2024 年我国羊绒进口量继续下降至 2 921.70 吨，较 2023 年减少 30.91%。

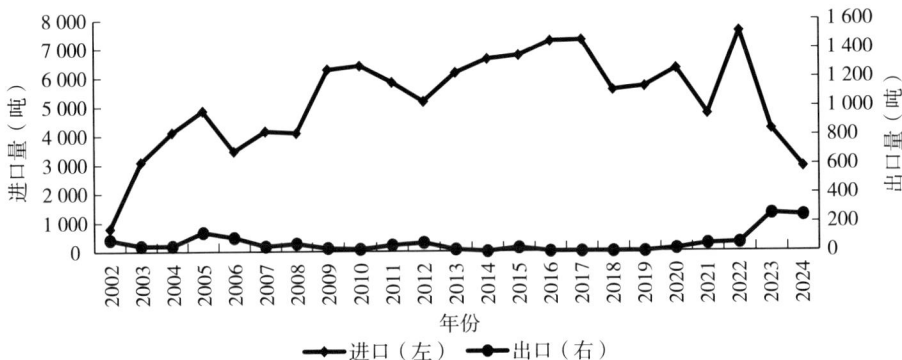

图 13 2002—2024 年我国羊绒进出口量变化情况

数据来源：海关总署。

我国羊绒出口量较少，总体维持在 100 吨以下，自 2022 年起出口有所增长，2024 年达到 246.25 吨，尽管如此，仍远低于进口量。我国羊绒在国际贸易中仍延续逆差格局，2024 年羊绒贸易逆差为 11 556.22 万美元，与 2023 年同期相比减少了 31.40%。

（2）2024 年羊绒进口来源国比较集中，主要来自蒙古国

我国主要从蒙古国进口羊绒，2024 年从该国进口羊绒 2 721.27 吨，占进口总量的 93.14%；进口额为 13 415.95 万美元，占进口总额的 99.72%。此外，还从哈萨克斯坦、乌兹别克斯坦等国家进口部分羊绒，共计 200.43 吨，占比 6.86%；进口额共计 37.21 万美元，占比 0.28%（表 21）。

表 21 2024 年我国羊绒进口国及其占比

名次	国家	进口量（万吨）	比重（%）	进口额（万美元）	比重（%）
1	蒙古国	2 721.27	93.14	13 415.95	99.72
2	哈萨克斯坦	91.81	3.14	10.10	0.08
3	乌兹别克斯坦	63.52	2.17	6.99	0.05
4	南非	31.46	1.08	9.69	0.07
5	巴基斯坦	13.63	0.47	10.42	0.08
6	意大利	0.02	0.00	0.02	0.00
合计		2 921.70	100.00	13 453.17	100.00

数据来源：海关总署。

（3）2024年我国羊绒贸易主要省份是河北、内蒙古、宁夏、天津和新疆

2024年，我国羊绒主要进口省份是河北、内蒙古、宁夏、天津和新疆。其中，河北的羊绒进口量居全国第一，进口量为2 214.71吨，占我国羊绒进口总量的75.80%；进口额为10 952.95万美元，占我国羊绒进口总额的81.42%。其次为内蒙古，其羊绒进口量为253.08吨，占总量的8.66%；进口额为1 296.62万美元，占我国羊绒进口总额的9.64%。第三位是宁夏，羊绒进口量为233.08吨，占总量的7.98%；进口额为1 080.21万美元，占总额的8.03%。第四位是天津，其羊绒进口量为91.81吨，占总量的3.14%；进口额为10.10万美元，占总额的0.08%。第五位是新疆，羊绒进口量为63.52吨，占总量的2.17%；进口额为6.99万美元，占总额的0.05%。此外，还有少量羊绒自广东、北京、山东和重庆进口，合计进口量为65.50吨，占比为2.25%；合计进口额为106.30吨，占比为0.78%（表22）。

表22　2024年我国羊绒进口省份及其占比

名称	省份	进口量（吨）	比重（%）	进口额（万美元）	比重（%）
1	河北	2 214.71	75.80	10 952.95	81.42
2	内蒙古	253.08	8.66	1 296.62	9.64
3	宁夏	233.08	7.98	1 080.21	8.03
4	天津	91.81	3.14	10.10	0.08
5	新疆	63.52	2.17	6.99	0.05
合计		2 856.20	97.75	13 346.87	99.22

数据来源：海关总署。

（4）2024年羊绒进口主要集中在5—9月，以未梳其他山羊绒为主

2024年，我国羊绒进口月份相对集中，主要集中在5—9月（图14）。5—9月，我国原绒进口量分别为479.06吨、909.40吨、582.98吨、380.31吨和341.64吨，合计为2 693.39吨，占全年进口总量的92.19%。从进口品类来看，我国羊绒主要贸易品类有未梳其他山羊绒和未梳克什米尔山羊绒。2024年，我国羊绒主要进口品类为未梳其他山羊绒，其进口量占我国山羊绒进口总量的99.53%；未梳克什米尔山羊绒进口较少，其进口量仅占我国山羊绒进口总量的0.47%。其中，未梳其他山羊绒进口量为2 908.05吨，进口额为13 442.74万美元，数量、金额同比分别下降26.35%和24.16%。

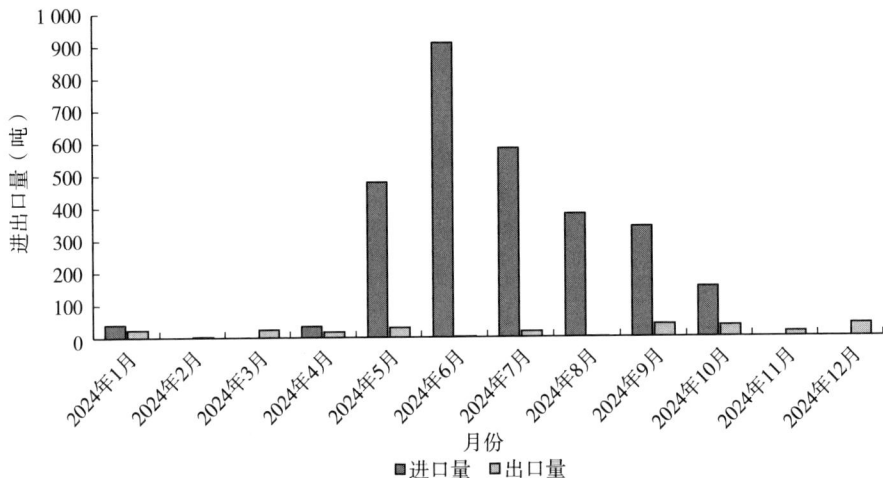

图 14　2024 年 1—12 月我国羊绒贸易量变化情况

数据来源：海关总署。

（5）2024 年未梳其他山羊绒主要自蒙古国进口，主要进口地为河北

从不同品类的进口来源国来看，我国未梳其他山羊绒主要自蒙古国进口。其进口量为 2 721.27 吨，占该品类进口总量的 93.14%；进口额为 13 415.96万美元，占该品类进口总额的 99.72%。此外，我国还从巴基斯坦和意大利进口少量未梳克什米尔山羊绒，进口量 13.65 吨，进口额 10.43 万美元。

从不同品类的进口地区来看，我国未梳其他山羊绒的主要进口地为河北、内蒙古和宁夏。其中，河北进口量最大，为 2 214.71 吨，占全国总量的76.17%；进口额 10 952.95 万美元，占总额的 81.47%。内蒙古进口 253.08吨，占总量的 8.70%；进口额 1 296.62 万美元，占总额的 9.65%。宁夏进口233.08 吨，占总量的 8.01%；进口额 1 080.21 万美元，占总额的 8.04%。此外，天津、新疆、广东和北京合计进口 207.18 吨，占总量的 7.12%；进口额112.96 万美元，占总额的 0.84%。还有少量的未梳克什米尔山羊绒的进口省份为山东和重庆，其中山东是主要进口地，进口量 13.63 吨，进口额 10.42 万美元，分别占该品类进口总量和总额的 99.89% 和 99.84%。

2. 2024 年我国羊绒进口变动的主要原因

从进口总量上看，2024 年我国羊绒进口量同比下降；从变化趋势来看，主要集中在 5—9 月。总体来看，影响我国羊绒进口变化的因素大致可以归纳为以下几方面：

（1）蒙古国极端天气与政策变化致使羊绒供应紧张

2024 年，我国羊绒进口主要集中在 5—9 月，这与蒙古国羊绒供应的季节性特点密切相关。蒙古国作为我国羊绒的重要供应来源，其新绒上市时间通常集中在 5 月以后，夏季为供应高峰期。然而，2024 年初蒙古国遭遇十年一遇的寒潮天气——"杜兹"，截至 5 月，灾害导致约 710 万头牲畜死亡，占牲畜总量的 23%。这一灾害不仅显著削减了 2024 年新绒的产量，也使得供应高峰的时间更加集中，进而影响了我国羊绒进口的时间分布。

此外，为促进畜牧原材料加工和增值，蒙古国政府于 2024 年 5 月推出"白色黄金计划"①，该计划通过发放 1.5 万亿蒙古图格里克贷款，并从国家预算中拨出 6 820 亿蒙古图格里克，支持畜牧业原材料的加工，计划将羊绒加工能力提高一倍。这一政策进一步减少了蒙古国原绒出口的数量，使我国全年原绒进口总量较 2023 年同期有所下降。

（2）国内羊绒供给增长，进口需求下降

2023 年，我国羊绒产量回升至 1.76 万吨，达到了历史阶段的相对较高水平。根据产业经济研究团队对绒山羊养殖地区的调研，2024 年绒山羊存栏量和羊绒产量均有所增加，表明 2024 年国内羊绒供给也将保持在较高水平。这一供给增长在一定程度上减少了对进口羊绒的需求，降低了我国对国外羊绒进口的依赖。

在需求方面，尽管国内外纺织服装需求正在逐步恢复，但整体恢复速度较慢，尚未呈现强劲增长。2024 年美国农业部《农业展望报告》指出，2022 年美国市场经历了大规模补库存，导致库存水平显著上升。虽然品牌商已采取去库存措施，但库存消化仍面临较长周期。因此，2024 年美国市场的纺织品和服装库存依然保持在较高水平，且未出现显著的新增消费需求。在此背景下，作为高端消费品的羊绒制品面临着相对低迷的消费环境。尽管整体消费有所增长，但消费降级的趋势仍然明显，消费者在购买决策上更倾向于选择性价比更高的替代品，或是降低消费档次。这种消费结构的变化对羊绒制品的需求增速产生了一定制约，导致市场增速放缓，保持在低速增长状态。

因此，在全球经济逐步恢复的背景下，消费结构的调整使得高端羊绒产品

---

① 消息来源为蒙古新闻社（https://montsame.mn/mn/read/34488）。

需求增长有限。与此同时，国内羊绒供给的增加进一步减少了我国对国外羊绒的进口需求。

（3）美联储加息不断，人民币贬值进一步抑制了羊绒进口

美国联邦储备系统（简称美联储）持续加息导致人民币贬值，加剧了企业进口羊绒的成本压力。2024年，美联储多次加息，每次加息25个基点，将联邦基金利率提高至5%以上，并在此水平维持了一段时间。这一政策进一步强化了美元的强势地位，导致人民币兑美元汇率波动。2024年人民币兑美元平均汇率为"1美元＝7.12元人民币"，较2023年同期的"1美元＝7.05元人民币"有所贬值，贬值幅度约为1.0%。虽然贬值幅度有限，但由于羊绒进口价格主要以美元结算，人民币贬值直接推高了进口成本。特别是在羊绒这种高附加值的商品上，成本上升对企业利润空间的挤压更为显著。

此外，受国内经济复苏节奏缓慢的影响，企业在原材料采购方面更趋谨慎。结合国际货币政策变化带来的不确定性，企业进口羊绒的意愿和能力进一步受到抑制。由此，人民币贬值与企业经营压力的叠加效应，也成为羊绒进口同比下降的重要原因之一。

五、现有绒毛用羊相关扶持政策及其评价

我国畜牧业正处于向现代畜牧业转型的关键时期，2024年，国家继续加强在草原生态、标准化规模养殖、金融保险等方面的政策扶持力度，使我国绒毛用羊产业发展的进程不断加快。本部分主要分析国家和地方政府现有绒毛用羊产业相关政策措施，并利用产业经济研究团队2024年度调研数据对现有扶持政策的效果进行评价。

（一）现有绒毛用羊产业相关扶持政策

1. 畜牧良种补贴政策

为了加快绒毛用羊品种改良，提高绒毛用羊良种化程度，我国于2009年、2011年相继对绵羊、山羊在全国19个省份实施畜牧良种补贴，对项目区内存栏能繁母羊30只以上的养殖户，购买绵羊、山羊种公羊每只一次性补贴800元。2017年国家对畜牧良种补贴政策进行了相应的调整，《关于做好2017年中央财政农业生产发展等项目实施工作的通知》提出，将畜牧良种推广纳入农

业生产发展资金项目实施方案，在内蒙古、四川、云南、西藏、甘肃、青海、宁夏、新疆等8省（区）实施良种补贴政策，对项目区内存栏能繁母羊30只以上的养殖户进行适当补助。同时推行财政支农专项转移支付方式划拨资金，实行"大专项＋任务清单"管理方式，由省、市、县农业、财政部门因地制宜确定补助对象、标准和方式。根据《农业农村部　财政部关于做好2024年粮油生产保障等项目实施工作的通知》（农计财发〔2024〕4号）和《农业农村部　财政部关于做好2024年支持畜牧业发展政策任务实施工作的通知》（农牧便函〔2024〕502号），2024年依然按照上述政策划拨资金。

从产业经济研究团队2024年度调研情况来看，调研地区在2017年及之前均享受国家畜牧良种补贴政策，2017年之后中央财政补助资金按大专项整体切块下达到省，各县通过申报2024年中央农业相关转移支付项目获批农业生产发展资金，根据农业生产实际情况，在补贴标准、补贴畜种等方面均有所差异。具体来看，新源县巩乃斯种羊场有5个配种站为辖区内农牧户提供免费的人工授精技术服务。赤峰市财政、敖汉旗财政每年分别为敖汉种羊场下拨60万元和30万元资金，用于建设细毛羊高繁体系。2023年青海分别给刚察县、海晏县下拨畜牧良种补贴资金76万元、92万元，按照"活畜补贴"的原则补助地毯毛羊，补助标准为800元/只。刚察县出台《刚察县藏羊产业高效养殖标准化建设项目实施方案》，利用县级财政资金300万元支持品种改良，其中采购同期发情药品1 580盒6.32万元，拨付注射同期发情药工作经费4万元。刚察县还利用2024年衔接推进乡村振兴补助资金75万元购置3～4岁高原型藏系能繁母羊500只，用于哈尔盖镇仓秀麻生态畜牧业专业合作社村集体产业发展。巴林右旗自2022年起以直接补贴的方式扶持能繁母羊30只以上的养殖场（户）购买优良种公羊，罕山白绒山羊为优先补贴品种且应补尽补，补贴标准为1 600元/只，基础母羊人工授精补贴标准为46元/只。盖州市与辽宁省畜牧科学研究院合作，每年可获20万～30万元的经费，用于辽宁绒山羊品种的保种、培育与推广。

2. 畜牧养殖机械购置补贴政策

为充分发挥畜牧养殖机械购置补贴的政策效应，加快畜牧业发展方式从粗放型到集约型转变，2024年国家出台了《2024—2026年农机购置与应用补贴实施意见》。2024年农机购置补贴政策框架和操作要求按照上述规范性文件实施，政策继续覆盖全国所有农牧业县（场），深化农机购置与应用补贴试点，逐步推广与农机作业量挂钩的资金兑付方式，实施差异化补贴和农机报废更新。2024年中央财政安排246亿元支持农机购置与应用补贴，加力实施农机报废更新。

在补贴机具种类范围方面，农机购置补贴机具种类范围为25大类55个小类155个品目，各省份根据农业生产需要和资金供需实际，从全国补贴范围中选取本省份补贴机具品目，优先保障粮食等主要作物大面积单产提升、机收减损、丘陵山区农业生产急需、农机装备补短板、农业其他领域发展急需，以及事关国家重大战略实施的农业机械的推广应用，将更多符合条件的先进适用机具纳入补贴范围。对区域内保有量明显过多、技术相对落后、不符合当地实际应用情况等机具建立清单，按照降低补贴标准、退坡或退出补贴范围等方式处理。目前，我国主要牧区省份已经将与绒毛用羊产业密切相关的农机具列入补贴名录，能够享受购置补贴的绒毛用羊机械分为饲料（草）收获加工运输设备、畜禽养殖机械、畜禽产品采集储运设备、畜禽养殖废弃物及病死畜禽处理设备四类，具体包括：割草（压扁）机、搂草机、打（压）捆机、草捆包膜机、青（黄）饲料收获机、打捆包膜机、铡草机、青贮切碎机、饲料（草）粉碎机、颗粒饲料压制机、饲料混合机、饲料膨化机、全混合日粮制备机、饲草捆收集机、药浴机、喂（送）料机、剪毛机、清粪机、畜禽粪污固液分离机、畜禽粪便发酵处理设备、畜禽粪便干燥设备、畜禽粪便翻堆设备、沼液沼渣抽排设备、病死畜禽处理设备。

在补贴标准方面，绒毛用羊养殖机械购置补贴资金实行定额补贴，补贴标准"有升有降"。一是常规机具补贴额测算比例不超过上年同档次产品市场销售均价的30%，通用类机械不得超过最高补贴额。二是对粮油等主要作物大面积单产提升、机收减损等领域发展急需以及事关国家重大战略实施的农机具，选择不超过10个品目且不超过20个档次的产品提高补贴额，测算比例可提高至35%；通用类品目机具可高于中央财政资金最高补贴额，幅度控制在20%以内；非通用类品目机具可高于上年度补贴额，幅度控制在20%以内；对区域内严重不足且生产急需的部分机具补贴额可提高至40%。三是对区域内保有量明显过多、技术相对落后的机具品目逐步降低补贴额，补贴额测算比例不超过20%，将部分低价值机具退出补贴范围。四是一般补贴机具单机补贴限额不超过5万元，高性能青饲料收获机、畜禽粪污资源化利用机具单机补贴限额不超过15万元，100马力以上拖拉机单机补贴限额不超过10万元，

200马力以上动力换挡或无级变速拖拉机单机补贴限额不超过25万元，大喂入量联合收获机单机补贴限额不超过25万元。五是对短板机具目录范围的农机新产品，各省份年度品目数量不超过10个，给予3年以下的特定补贴额比例可提高至35％，成功推向市场的按常规补贴额30％测算，效果不好的退出补贴范围。

在创新试点方面，主要包括以下内容。一是实施农机购置与应用补贴，对具备作业信息化监测条件的大型、智能、复式、高端、绿色农机以及重点推广的机具实施农机购置与应用补贴。在购机核验合格后第1年和第2年按照7∶3的比例分两次定额兑付，第3年、第4年连续两年完成年度作业量的农机，均按照定额补贴资金的10％予以激励补贴。二是支持试点省份结合本地区生产实际，组织开展农机研发制造推广应用一体化试点。

在补贴对象方面，农机购置补贴对象为从事农业生产的农民和农业生产经营组织，其中农业生产经营组织包括农村集体经济组织、农民专业合作经济组织、农业企业和其他从事农业生产经营的组织。

在监督管理方面，依托农机购置与应用补贴申请办理服务系统，加快补贴申请受理、资料审核、机具核验、资金兑付等工作，提高核验信息化水平，运用全国农机作业指挥调度平台及地方平台，推进补贴机具唯一身份识别，发挥大数据信息优势，加强对鉴定（认证）机构、产销企业的跟踪监管，提升违规行为排查和监控能力。

从2024年产业经济研究团队调研情况来看，调研地区畜牧养殖机械购置补贴政策实施情况略有差异。新源县、七十七团、刚察县、海晏县、敖汉旗、巴林右旗、本溪县、盖州市均按照所属省份出台的农机购置与应用补贴实施方案执行，农机具补贴比例为30％，单机补贴额度参照国家标准执行。敖汉旗除在中央财政按照农机具价格的30％进行补贴外，针对大型畜牧机械，内蒙古自治区财政再补贴20％，补贴范围主要包括饲草料加工机械、饲养机械和畜产品采集加工机械设备等。

3. 标准化规模养殖奖励政策

标准化规模养殖是促进传统畜牧业向现代畜牧业转型的根本途径。为加快转变畜牧业生产方式，不断提升畜禽养殖标准化生产水平，农业农村部相继出台《关于加快推进畜禽标准化规模养殖的意见》《农业农村部畜禽标准化示范场管理办法》等一系列规范性文件。中央财政每年安排一定的补助资金，采取

"以奖代补"的方式支持养殖场实施标准化改造。为加快推进畜牧业现代化，大力推进质量兴牧、绿色兴牧，全面提升畜牧业质量效益竞争力，2018年农业农村部制定了《畜禽养殖标准化示范创建活动工作方案（2018—2025)》，提高创建标准，严格创建要求，新创建一批现代化的畜禽养殖标准化示范场，2018—2025年每年创建100个左右现代化的畜禽养殖标准化示范场，共创建1 000个。根据农业农村部办公厅《关于开展2024年畜禽养殖标准化示范创建活动的通知》，2024年在全国建立150个生产高效、资源节约、质量安全、环境友好的畜禽养殖标准化示范场，提炼一批可复制、可推广的设施养殖和绿色低碳养殖技术模式，发挥示范带动作用。

从产业经济研究团队2024年调研情况看，部分调研地区为提升绒毛用羊标准化生产水平，加大了对绒毛用羊标准化养殖场、家庭牧场的政策扶持力度。新源县巩乃斯种羊场为国家级肉羊养殖场，遵循"先建后补"原则，获得50万元补贴金额。七十七团建设养殖棚圈的资金主要来源于边境团场"兴边工程"项目资金，已建成200多个棚圈，单个棚圈面积110平方米，补贴标准为3万元/棚。2019年敖汉旗利用京津风沙源补贴项目对新建养殖棚圈补贴150元/平方米，用粮改饲补贴项目对种植青贮按60元/亩标准给予补贴，每铡一方青贮按40元/亩标准给予补贴，但是上述两项政策在2020年之后均未继续实施。刚察县批复《刚察县沙柳河镇果洛藏贡麻村生态畜牧业合作社基础设施建设项目》，利用中央财政衔接资金、省级财政衔接资金等分别投资854万元、894万元，支持两个合作社的装配式羊棚、运动场遮雨棚、储草棚、饲草料库房等基础设施建设。巴林右旗整合利用2024年生猪（牛羊）调出大县奖励资金，对符合条件的绒山羊养殖场的棚圈建设、饲料库和青贮窖建设提供支持，补贴资金最高可达30万元。本溪市整合利用基层农技推广体系改革与建设补助项目资金，2023年投资4万元建设绒山羊科技试验示范基地。

4. 动物防疫补贴政策

动物疫病防控工作是促进畜牧业健康发展、减少农牧户经济损失的基础性工作。我国由国家畜牧兽医行政管理部门主管全国的动物防疫工作，目前已经逐渐建立健全强制免疫、监测预警、应急处理、区域化管理等制度，不断完善疫情风险评估、疫情预警、疫情认定、无规定动物疫病区建设、官方兽医、执业兽医管理、动物防疫保障机制等方面的内容。根据《农业防灾减灾和水利救灾资金（动物防疫补助）项目实施方案》，2024年继续实施动物防疫补贴政策，并按照 2017 年农业部办公厅、财政部办公厅联合印发的《动物疫病防控财政支持政策实施指导意见》（农办财〔2017〕35 号）和《农业防灾减灾和水利救灾资金管理办法》（财农〔2023〕13 号）执行。2024 年中央财政将继续实施动物防疫补贴政策，主要包括两个方面：一是强制免疫补助，国家对口蹄疫、小反刍兽疫等动物疫病实行强制免疫和购买动物防疫服务补助政策。强制免疫疫苗由省级兽医主管部门会同财政部门组织招标采购，疫苗经费由中央财政和地方财政共同按比例分担，养殖场（户）无需支付强制免疫疫苗费用，2024 年继续对符合条件的养殖场（户）实施强制免疫"先打后补"，要求各地加强资金使用管理，提高免疫质量和政策成效，口蹄疫、小反刍兽疫抗体合格率常年保持在 70％以上。二是强制扑杀和销毁补助。国家对口蹄疫、小反刍兽疫、布鲁氏菌病、包虫病等发病动物及同群动物实施强制扑杀，对因上述疫病扑杀的动物、销毁的动物产品和相关物品所有者给予补偿，补助经费由中央财政和地方财政共同承担，中央财政对东、中、西部地区的补助比例分别为40％、60％、80％，对新疆生产建设兵团和中央直属垦区的补助比例为100％，羊的扑杀补助平均测算标准为 500 元/只，各地可根据畜禽大小、品种等因素细化补助测算标准。

从产业经济研究团队 2024 年调研情况来看，在重大动物疫病强制免疫补助方面，调研各地区均认真贯彻落实国家动物防疫补贴政策要求，对养殖户绒毛用羊养殖过程中重大疫病的疫苗全部免费，费用由国家、省、县共同承担，养殖户仅承担日常消毒、一般药物及疫苗人工费。在强制扑杀补助方面，调研地区均对口蹄疫、小反刍兽疫、布鲁氏菌病、包虫病检测阳性、染疫和同群绒毛用羊实施强制扑杀，并按照 500 元/只国家标准进行补偿。新源县巩乃斯种羊场成立伊天骏牧业分公司，由新源县兽医站免费提供疫苗，参照新源县的社会化服务收费标准制定防疫服务方案，为辖区内农牧户提供动物疫病监测、检测、免疫、诊疗、流行病学调查、疫情报告等服务。七十七团动物防疫工作资金来源于 6 万元动物防疫补助资金和师市财政拨付的 39 万元预算资金，主要用于购买防疫物资、提供社会化服务费用。敖汉旗财政对口蹄疫、小反刍兽疫、布鲁氏菌病等强制免疫项目的疫苗及注射全部免费，羊痘、三联四防疫苗也全部免费。巴林右旗投资 520 万元实施动物疫病防疫智能体系建设项目，主要是为脱贫户（含监测户）提供快捷便利高效的动物疫病诊断服务。

5. 草原生态保护补助奖励政策

牧区振兴是乡村振兴的重点和难点，草原生态保护补助奖励政策是重要抓手。国家从 2011 年开始实施第一轮的草原生态保护补助奖励政策，"十二五"期间累计投入资金 773.6 亿元在 13 个省份以及新疆生产建设兵团、黑龙江省农垦总局实施草原禁牧补助、草畜平衡奖励、牧草良种补贴和牧民生产资料综合补贴，有力地促进了牧区生态恢复，扭转了草原生态恶化势头。2016 年农业部和财政部联合下发了《新一轮草原生态保护补助奖励政策实施指导意见（2016—2020 年）》，"十三五"期间国家在河北、山西、内蒙古、辽宁、吉林、黑龙江、四川、云南、西藏、甘肃、青海、宁夏、新疆等 13 个省份以及新疆生产建设兵团和黑龙江省农垦总局，启动实施新一轮草原生态保护补助奖励政策，每年补奖资金达 187.6 亿元。政策实施以来，草原保护制度得到了有效落实，草原科学利用技术得到推广应用，草原畜牧业生产方式加快转变，初步实现了草原生态保护、牧业高质量发展和牧民增收三方共赢。按照《财政部　农业农村部　国家林草局关于印发〈第三轮草原生态保护补助奖励政策实施指导意见〉的通知》（财农〔2021〕82 号），2024 年继续在内蒙古等 13个牧区省份实施第三轮草原生态保护补助奖励政策，每年补助奖励资金为168 亿元。

第三轮草原生态保护补助奖励政策延续了上一轮草原生态保护补助奖励政策的覆盖范围、补贴标准、资金用途和实施方式，大稳定与小调整相结合，保证了政策实施的连贯性和农牧户政策预期的稳定性。具体内容如下：一是国家继续在河北、山西、内蒙古、辽宁、吉林、黑龙江、四川、云南、西藏、甘肃、青海、宁夏、新疆 13 个省份以及新疆生产建设兵团和北大荒农垦集团有限公司实施第三轮草原生态保护补助奖励政策，引导农牧户合理配置载畜量，科学利用天然草原，促进草原生态环境持续改善，加快草牧业生产方式转变，促进牛羊生产高质高效发展，稳步提升农牧户收入水平和改善生活条件，助推乡村经济发展。中央财政按照禁牧补助 7.5 元/亩、草畜平衡奖励 2.5 元/亩的标准进行测算，对农牧户发放补助奖励资金，各地区可因地制宜科学确定补奖标准和发放方式。二是补助奖励资金采取"大专项＋任务清单"管理方式，并扩大政策实施范围，将已明确承包权但未纳入第二轮草原生态保护补助奖励范围的草原面积纳入此轮补助奖励范围。三是实施"一揽子"政策的半农半牧区省份可支持推动生产转型，提高草原畜牧业现代化水平。

从产业经济研究团队 2024 年调研情况来看，调研地区中的新疆、青海、内蒙古均制定了第三轮草原生态保护补助奖励政策实施方案，各调研地区补贴标准存在差异。新源县和七十七团均按照《新疆维吾尔自治区第三轮草原生态保护补助奖励政策实施方案》（2021—2025 年）执行，其中水源涵养区禁牧补助标准 50 元/亩，严重退化区禁牧补助标准 6 元/亩，草畜平衡奖励标准 2.5 元/亩。敖汉旗属于农牧结合区，牧民可享受禁牧补助，补贴标准 9.15 元/亩。刚察县禁牧面积 1 070 万亩，补助标准 25 元/亩。海晏县禁牧面积 208.64 万亩，补助标准 13.24 元/亩；草畜平衡面积 357 万亩，补助标准 2.5 元/亩。巴林右旗将禁牧积极性较高的 90 个嘎查（村）划定为禁牧区，将禁牧区以外的草原划定为草畜平衡区，在执行严格的草畜平衡制度的基础上，实行季节性休牧制度，季节性休牧期为每年 4 月 1 日至 7 月 1 日。巴林右旗禁牧区面积 448.27 万亩，补助标准 10 元/亩；草畜平衡区面积 545.59 万亩，补助标准 3.615 元/亩。

6. 金融和保险扶持政策

金融和保险扶持政策是现代畜牧业持续健康发展的重要推手，随着我国社会经济的快速发展，畜牧业面临融资困难、养殖风险持续上升等问题。2024 年国家相继出台了《中国人民银行　金融监管总局　中国证监会　财政部　农业农村部关于开展学习运用"千万工程"经验加强金融支持乡村全面振兴专项行动的通知》《农业农村部办公厅关于做好农业农村重大项目谋划储备深化融资对接服务的通知》等规范性文件，指出要拓宽农村资产抵质押物范围，丰富新型农业经营主体和小农户贷款产品，合理增加新型农业经营主体中长期信贷投放，拓宽农业农村绿色发展融资渠道，发展农村数字普惠金融，积极发展农业保险和再保险。具体措施包括：一是继续深化农村金融改革，运用支农支小再贷款、再贴现等政策工具加大金融机构扶持力度，推动农村金融机构回归本源；二是在抵押质押物范围、金融产品和服务、信贷风险监测分担补偿机制、多元化融资渠道等方面进行有效探索，破解新型农业经营主体融资困境；三是提升农业保险服务能力，构建完善的农业保险产品体系，满足多层次、多元化风险保障需求。

从产业经济研究团队 2024 年调研情况来看，部分调研县为促进绒毛用羊产业的发展，加大了金融扶持力度。具体来看，刚察县和海晏县分别自 2017 年、2019 年开始按照海北州要求全面启动藏系羊保险试点，每只藏系羊保险金额 300 元，保险费率按保险金额的 6％执行。保险费中央财政补贴40％、省级财政补贴35％、县级财政补贴10％，补贴后农牧户个人承担15％。2024年藏系羊保额由 300 元/只提高至 400 元/只，费率保持不变。刚察县哈尔盖镇、沙柳河镇、伊克乌兰乡、泉吉乡、吉尔孟乡共 30 个行政村 2024 年参保藏系羊95.52 万只，海晏县 2023 年藏系羊保险总保费规模达 3 447.86 万元。海晏县积极探索"金融＋"服务新模式，2024 年由县政府投资 93.5 万元、群众自筹20 万元，建立"环湖藏系羊价格指数保险"试点，为全县 2 万余只藏羊提供羊肉价格保险。该保险目标价格以青海省农业农村厅 2024 年以来发布的全省羊肉平均价格为依据，若出栏时发布的羊肉价格低于目标价格，则触发保险理赔，保险公司按照约定的理赔金额直接向养殖户支付赔款。

7. 对外贸易扶持政策

（1）关税配额制度

羊毛是我国供需缺口最大的畜产品之一，目前我国已经成为世界上最大的羊毛进口国。出于对国内羊毛产业的保护，从 2002 年起，我国对进口羊毛一直采用关税配额管理，配额内的进口羊毛关税税率为1％、毛条关税税率为3％，配额外关税税率为38％。根据商务部《2024 年羊毛、毛条进口关税配额管理实施细则》，2024 年羊毛进口关税配额总量为 28.7 万吨，毛条进口关税配额总量为 8 万吨。根据《中新自贸协定》，2024 年自新西兰进口羊毛、毛条国别关税配额量分别为 36 936 吨和 665 吨，关税税率为 0。2015 年 6 月中澳两国政府正式签署《中澳自贸协定》，2024 年为澳大利亚国别配额实施第七年。根据《中澳自贸协定》，澳大利亚进口羊毛国别关税配额量为 44 324 吨，关税税率为 0。2024 年羊毛、毛条进口关税配额实行先来先领的分配方式，申请者凭羊毛、毛条进口合同以及有关材料申请羊毛、毛条进口关税配额（含加工贸易）。商务部授权机构为符合条件的申请者发放"农产品进口关税配额证"。当发放数量累计达到 2024 年羊毛、毛条关税配额总量时，商务部授权机构停止接受申请。

（2）出口退税政策

出口退税是指对出口商品在国内生产、流通等环节和出口环节征收的各项税收部分或全部退还给出口商的一种措施。《中华人民共和国增值税暂行条例》规定，纳税人出口货物，税率为零。我国目前实行"先征后退"的方法，即企业自营出口或委托代理出口绒毛产品时，先按照《增值税暂行条例》规定的征税率征税，然后由主管出口退税业务的税务机关在国家出口退税计划内按规定的退税率审批退税。商品的出口退税率每年都会发生变化，根据中国出口退税咨询网相关数据，目前我国绒毛产品的出口退税率有 0、9％、13％ 等不同档次。绒毛原料产品出口退税率一般较低，绒毛加工产品出口退税率相对较高。如山羊绒、克什米尔山羊细毛出口退税率为 0；未梳的含脂剪羊毛、未梳的其他含脂羊毛、羊毛落毛、羊毛废料、羊毛回收纤维和山羊毛出口退税率为 9％；洗净制刷用山羊毛、未梳的脱脂剪羊毛（未碳化）、未梳的其他脱脂羊毛（未碳化）、未梳碳化羊毛、粗梳羊毛、精梳羊毛片毛、羊毛条及其他精梳羊毛，以及各类羊毛纱线、山羊绒纱线和山羊绒机织物出口退税率最高，均为 13％。不同的出口退税率能够遏制不法企业套取退税，鼓励高附加值羊毛羊绒制品出口，限制羊毛羊绒资源性出口，缓解了羊毛羊绒资源性出口与企业制成品出口之间的矛盾，使精深加工企业在原料方面取得优势，有利于提高羊毛羊绒精深加工企业在国际纺织市场上的竞争。

（二）我国绒毛用羊产业现有相关扶持政策的评价

1. 财政支持力度不断增加，多数养殖户获得过政府扶持资金

近年来国家支农惠农政策的支持力度不断加大，绒毛用羊产业作为畜牧业的重要组成部分，国家对绒毛用羊产业财政投入的力度也逐年增加。从扶持政策覆盖面看，畜牧养殖机械购置补贴政策、动物防疫补贴政策已经做到全覆盖，草原生态保护补助奖励政策和标准化规模养殖奖励政策实施范围不断扩大，国家和地方都在积极探索金融扶持和政策性保险试点。从补贴资金总额看，各项补贴政策的财政投入资金总额逐年加大，部分扶持政策的补贴标准也得到提高。从补贴政策效果看，各项政策实施越来越注重激励和约束机制，以绩效评价提高资金使用效率，确保政策落到实处。

2024 年产业经济研究团队绒毛用羊养殖户调研数据显示，62.50％ 的养殖户获得了政府给予的相关补贴、补助、奖励等扶持资金。其中地毯毛羊养殖户获得过政府扶持资金比例最高，地毯毛羊养殖户均获得过政府扶持资金；细毛羊养殖户获得过政府扶持资金比例也较高，64.52％ 的细毛羊养殖户获得过政府扶持资金；获得过政府扶持资金的绒山羊养殖户比例相对较低，仅有 36.67％ 的养殖户获得过政府扶持资金（表23）。

表 23　绒毛用羊养殖户获得补助、补贴、奖励等扶持资金情况（%）

是否获得过扶持资金	全部养殖户	细毛羊养殖户	地毯毛羊养殖户	绒山羊养殖户
是	62.50	64.52	100.00	36.67
否	37.50	35.48	0.00	63.33

数据来源：根据 2024 年度产业经济研究团队农牧户调查问卷整理计算得到。

2. 获得扶持资金的养殖户对各项扶持政策的满意度总体较高

从获得相关扶持资金的养殖户对各项扶持政策满意度评价的情况看，绒山羊、地毯毛羊养殖户对所获得的各项扶持政策总体评价均较高，而细毛羊养殖户对各项扶持政策总体评价相对偏低。具体来看，除棚圈建设补贴政策之外，绒山羊养殖户中对获得各项扶持政策的满意度均在 50.00% 以上；除能繁母羊补贴和畜牧养殖机械购置补贴政策之外，地毯毛羊养殖户中对获得各项扶持政策的满意度均在 50.00% 以上；细毛羊养殖户对标准化规模养殖奖励、种公羊补贴、畜牧养殖机械购置补贴等三项政策的满意度高于 75.00%，其余政策满意度均普遍偏低。从养殖户对所获得的扶持政策不满意情况看，细毛羊养殖户对贴息贷款、禁牧补助两项政策的满意度较低，地毯毛羊养殖户对能繁母羊补贴、退牧还草两项政策的满意度偏低，绒山羊养殖户对棚圈建设补贴、禁牧补助两项政策的满意度不高（表 24）。

表 24　获得扶持资金的绒毛用羊养殖户对各项扶持政策的评价（%）

补贴政策	细毛羊养殖户			地毯毛羊养殖户			绒山羊养殖户		
	满意	一般	不满意	满意	一般	不满意	满意	一般	不满意
种公羊补贴	75.00	25.00	0.00	71.43	14.29	14.29	66.67	0.00	33.33
人工授精补贴	50.00	50.00	0.00	—	—	—	—	—	—
能繁母羊补贴	33.33	33.33	33.33	0.00	0.00	100.00	—	—	—
禁牧补助	42.86	14.29	42.86	69.23	7.69	23.08	50.00	0.00	50.00
草畜平衡奖励	60.00	10.00	30.00	66.67	20.00	13.33	71.43	0.00	28.57
退牧还草补贴	20.00	80.00	0.00	50.00	0.00	50.00	100.00	0.00	0.00
退耕还草补贴	0.00	100.00	0.00	—	—	—	100.00	0.00	0.00
畜牧养殖机械购置补贴	75.00	8.33	16.67	0.00	100.00	0.00	66.67	33.33	0.00
标准化规模养殖奖励	100.00	0.00	0.00	100.00	0.00	0.00	100.00	0.00	0.00
棚圈建设补贴	33.33	50.00	16.67	90.00	10.00	0.00	0.00	0.00	100.00
养殖保险保费补贴	60.00	20.00	20.00	78.95	5.26	15.79	—	—	—
贴息贷款	0.00	0.00	100.00	57.14	28.57	14.29	75.00	25.00	0.00

数据来源：根据 2024 年度产业经济研究团队农牧户调查问卷整理计算得到。

注：表中"—"表示调研地区养殖户未获得该项补贴政策，因此没有相关评价。

从养殖户对各项扶持政策不满意的原因看，扶持资金少、扶持资金不能及时发放是养殖户对扶持政策不满意的主要原因，特别是能繁母羊补贴、禁牧补助、棚圈建设补贴、贴息贷款等四项政策。以禁牧补助政策为例，其补贴标准虽然从第一轮的 6 元/亩调整为 7.5 元/亩，但是由于禁牧导致棚圈、机械设备及雇工成本增加，舍饲时间延长，各项补贴资金不足以弥补显著上升的养殖成本。此外，少部分农牧户反馈当地牛马等大牲畜和部分肉羊品种都纳入了保险保费补贴畜种名录，但是多数绒毛用羊品种未获得该项补贴。

3. 良种补贴政策覆盖范围缩小、补贴标准偏低，养殖户购买优质种公羊积极性不高

畜牧良种是现代畜牧业生产的基础，为了提高绒毛用羊良种化程度，我国从 2009 年起将绵羊纳入畜牧良种补贴范围，2011 年将山羊纳入补贴范围，在全国 19 个省份对项目区内存栏能繁母羊 30 只以上的养殖户购买种公羊给予 800 元/只补贴。但是 2017 年国家对畜牧良种补贴政策进行了调整，在《关于做好 2017 年中央财政农业生产发展等项目实施工作的通知》中将畜禽良种推广纳入农业生产发展资金项目实施方案，仅在内蒙古、四川、云南、西藏、甘肃、青海、宁夏、新疆等 8 省份实施良种补贴政策，对项目区内存栏能繁母羊 30 只以上的养殖户进行适当补助。从补贴范围看，此次调整后补贴范围明显缩小，由以往的 19 个省份缩减至牧区 8 省份；从补贴对象看，项目县内存栏能繁母羊 30 只以上的养殖户才能获得补贴，该政策对养殖大户、规模养殖场的正面引导效应高于散户。同时推行财政支农专项转移支付方式划拨资金，实行"大专项＋任务清单"管理方式，由省、市、县农业、财政部门因地制宜确定补助对象、标准和方式。国家种公羊良种补贴政策的调整在政策覆盖范围上显著缩小，且多年来补贴标准未根据市场价格上调，导致养殖户种公羊购买成本上升，降低了养殖户良种购买积极性，可能导致优良地方品种的退化和生产性能下降。

2024 年产业经济研究团队的调研资料显示，新疆、青海、内蒙古等省份的调研县虽然都不同程度地对农牧户购买绒毛用羊种羊给予一定额度的补贴，但是良种补贴政策覆盖范围缩小、补贴标准偏低，农牧户购买种公羊积极性不高，可能导致优良地方品种的退化和生产性能下降。调研资料显示，2024 年调研地区农牧户均未享受购买细毛羊种公羊 800 元/只的良种补贴政策，刚察县 1 岁地毯毛种公羊的市场销售价格约为 1 400～1 500 元/只，农牧户可享受

800 元/只的补贴，购买种畜仍需自付 600～700 元/只，单只补贴标准偏低，不能有效带动农牧户购买积极性，可能导致优良地方品种的退化和生产性能下降。

4. 畜牧养殖机械购置补贴政策对绒毛用羊养殖机械化水平提高作用不显著

为调动和保护农民购买使用农机的积极性，促进农机装备结构优化，提升农机化作业能力和水平，2004 年国家出台了畜牧养殖机械购置补贴政策。从产业经济研究团队调研情况来看，调研地区的绒毛用羊机械化水平发展不均衡，农区高于牧区，种羊场、规模化养殖场（区）明显高于散户。各调研县养殖户普遍拥有铡草机、饲料粉碎机、小型拖拉机等牧业机械，少数资金实力较强的养殖大户和标准化规模养殖场购置了青贮打包机、TMR 饲料搅拌机、捆草机等大型机械设备。养殖户对大型牧业机械的使用以租赁为主，普及率不高，因此部分地区开始出现农机合作社等新型社会化服务组织和农机维修网点配套建设。此外，部分调研地区养殖户仍以手工剪毛为主，机械剪毛率普遍偏低，只有种羊场、国营牧场、规模养殖场及少数乡镇拥有剪毛机、打包机等机械剪毛设备。因此，目前畜牧养殖机械购置补贴政策的实施尚未大幅度提升我国绒毛用羊养殖机械化水平。除牧区特殊的自然地理环境制约了畜牧机械的推广外，主要原因包括以下几方面：一是补贴资金额度还不能满足广大农牧户的实际需求，近年来，随着农机具向大型化、联合化方向发展，单机购买资金额度较高，农牧户购机能力明显不足；二是部分农机企业售后服务、维修不到位，影响了农机作业效率和质量，也降低了养殖户的购买积极性。

5. 资源环境约束增强推动成本上升，绒毛用羊养殖利润空间收窄

近年来，受畜牧业超载过牧、粗放经营、无序垦荒以及自然灾害频发等因素的影响，我国西北牧区草场退化、沙化、盐渍化问题较为严重，并严重威胁国家生态安全、牧区畜牧业可持续发展和牧民增收。因此，国家相继出台《国务院办公厅关于加强草原保护修复的若干意见》《"十四五"林业草原保护发展规划纲要》和《第三轮草原生态保护补助奖励政策实施指导意见》等规范性文件，划定草原生态保护红线，推行基本草原保护制度、禁牧休牧、划区轮牧和草畜平衡保护措施，实施退牧还草、京津风沙源治理、西南石漠化草地治理等工程项目。新疆、青海、内蒙古等草原牧区亦出台相应的实施方案，根据草原类型和等级科学核算草原载畜量，完善草原承包和流转制度，推广舍饲养殖技术和人工饲草料基地建设，保障草原退牧农牧户顺利实现养殖方式转型。随着上述政策的持续推进，农牧户天然饲草资源缺口持续扩大且设施牧业投入大幅上涨，外购饲草比重提升，养殖成本上升进一步压缩了农牧户利润空间。

调研资料显示，97.50%的农牧户计划2024年继续养殖绒毛用羊，其中仅有32.50%的农牧户准备扩大养殖规模，绒毛用羊养殖面临的资源环境约束和管控日益增强，农牧户逐步向舍饲、半舍饲、农区异地借牧等养殖模式过渡，导致人工饲草料购置、舍饲棚圈及配套设施、雇工等成本费用显著增加。如七十七团天然可利用草场面积为28.7万亩，因边境围栏导致12.6万亩草场无法放牧或打草，牧业连队职工放牧草场面积仅有60～120亩/人，受访农牧户均反馈目前细毛羊养殖最大的困难就是缺乏饲草资源。2023年七十七团因天然草场干旱少雨，饲草料缺口高达75%，从新源县、巩留县等地外调18千克标准捆的饲草料，市场销售价格高达45～46元/捆，平均单价约2.5元/千克，饲草供需不平衡、不充分矛盾突出。多数受访农牧户表示，饲草资源约束进一步推动养殖成本上升，是制约养殖意愿和养殖规模的主要瓶颈。

多数地区草原生态保护政策补偿标准单一，主要按面积发放补贴，未体现出差异化，不能有效解决禁牧或减牧后牧民收入减少的问题，奖惩补助的激励作用体现不够。根据调查，仅部分地区根据禁牧区草原面积测定草原承载能力，据此折算成标准亩系数进行补贴；其他地区按照国家标准给予养殖户禁牧补助和草畜平衡奖励，未考虑地区草场质量、载畜量、气候环境等因素差异，不能体现补助差异化。由于不同年份之间降雨量、气温、湿度等气候因素以及养殖成本、养殖户绒毛用羊产品销售价格存在差异，导致不同年份之间养殖成本和收入存在差异，因此不同年份之间补贴存在一定差异，但当前补贴没有考虑不同年份之间动态差异性。这些因素降低了农牧户落实草原生态保护补助奖励政策的积极性，个别地区仍然存在超载过牧现象。

6. 养殖户对绒毛用羊养殖的相关扶持政策认知度相对较低，对不同扶持政策的认知度存在一定差异

国家惠农政策的实施是我国经济发展的结果，各项补贴政策和奖励扶持政策的实施是为了提高农牧户的生产积极性，促进绒毛用羊产业的发展。2024年产业经济研究团队在新疆、青海、内蒙古和辽宁的农牧户调研数据显示，农牧户对目前实施的各项关于绒毛用羊养殖的政府补助、补贴、奖励等扶持政策的认知度相对较低且存在一定差异。

总体来看，地毯毛羊养殖户对绒毛用羊扶持政策的认知度相对较高，细毛羊养殖户次之，绒山羊养殖户最低。从养殖户对不同扶持政策认知来看，细毛羊、地毯毛羊和绒山羊养殖户对不同扶持政策的认知程度存在一定差异。细毛羊养殖户对畜牧养殖机械购置补贴和禁牧补助政策认知程度较高，知道这两项扶持政策的细毛羊养殖户占比超过 50％；而对人工授精补贴、养殖保险保费补贴和能繁母羊补贴政策的认知程度偏低，不知道这三项扶持政策的细毛羊养殖户占比均超过了 80％。地毯毛羊养殖户对草畜平衡奖励、棚圈建设补贴和养殖保险保费补贴政策的认知程度较高，知道这三项政策的地毯毛羊养殖户占比超过了 70％；而对人工授精补贴、退耕还草补贴和畜牧养殖机械购置补贴政策的认知程度偏低，不知道这三项扶持政策的地毯毛羊养殖户占比均超过了 90％。绒山羊养殖户对各项扶持政策的认知程度均较低，认知程度最高的是禁牧补助和草畜平衡奖励政策，知道这两项政策的养殖户比例超过了 30％，对其他各项扶持政策的认知程度均较低（表 25）。

表 25　农牧户对绒毛用羊产业扶持政策的认知程度（％）

扶持政策	细毛羊养殖户		地毯毛羊养殖户		绒山羊养殖户	
	知道	不知道	知道	不知道	知道	不知道
种公羊补贴	22.58	77.42	42.11	57.89	23.33	76.67
人工授精补贴	12.90	87.10	5.26	94.74	13.33	86.67
能繁母羊补贴	19.35	80.65	15.79	84.21	6.67	93.33
禁牧补助	51.61	48.39	68.42	31.58	36.67	63.33
草畜平衡奖励	48.39	51.61	78.95	21.05	30.00	70.00
退牧还草补贴	35.48	64.52	15.79	84.21	16.67	83.33
退耕还草补贴	22.58	77.42	5.26	94.74	16.67	83.33
畜牧养殖机械购置补贴	54.84	45.16	5.26	94.74	23.33	76.67
标准化规模养殖奖励	24.32	75.68	10.53	89.47	3.33	96.67
棚圈建设补贴	35.48	64.52	78.95	21.05	13.33	86.67
养殖保险保费补贴	16.13	83.87	78.95	21.05	10.00	90.00
贴息贷款	32.26	67.74	52.63	47.37	26.67	73.33

数据来源：根据 2024 年度产业经济研究团队农牧户调查问卷整理计算得到。

7. 养殖户对能繁母羊补贴、种公羊补贴及棚圈建设补贴等扶持政策需求迫切

我国绒毛用羊各项扶持政策实施存在地区差异性，部分养殖户不能获得相关的扶持政策，多数养殖户也仅获得了个别扶持政策。为全面了解养殖户对绒毛用羊各项扶持政策的需求程度，在调研中通过询问养殖户最需要的三项扶持政策来反映养殖户对不同扶持政策的需求。根据表26数据可知：细毛羊、地毯毛羊和绒山羊养殖户对能繁母羊补贴、种公羊补贴及棚圈建设补贴的需求程度均较高，选择能繁母羊补贴政策的细毛羊、地毯毛羊、绒山羊养殖户分别占比80.65%、47.37%和56.67%，主要是由于养殖户希望获得能繁母羊补贴来降低养殖成本、提高养殖效益。选择种公羊补贴政策的细毛羊、地毯毛羊、绒山羊养殖户分别占比35.48%、47.37%和53.33%，国家虽连续多年实施了种公羊补贴政策，但由于种公羊补贴数量有限，政策覆盖面较窄且补贴额度偏低，获得种公羊补贴的养殖户较少，养殖户迫切需要该政策支持。由于受资源环境约束趋紧因素的影响，绒毛用羊养殖成本进一步上升，农牧户对棚圈建设补贴政策的需求也较为迫切，希望通过政策扶持平抑舍饲棚圈建设和饲草料价格上涨带来的成本增长。同时，农牧户对贴息贷款、羊毛（羊绒）最低保护价、禁牧补助、畜牧养殖机械购置补贴和养殖保险保费补贴政策也有一定的需求，如农牧户非牧就业渠道狭窄、转产或兼业就业难等问题依然突出，其面临很大的生产和生计风险，对养殖保险保费补贴的需求意愿更加强烈。此外，受访农牧户表示，希望在草场资源分配、饲草料种植与采购、管理费收取方面获得政策帮扶。

表26　农牧户对绒毛用羊产业扶持政策的需求程度（%）

扶持政策	细毛羊养殖户	地毯毛羊养殖户	绒山羊养殖户
种公羊补贴	35.48	47.37	53.33
人工授精补贴	6.45	5.26	0.00
能繁母羊补贴	80.65	47.37	56.67
禁牧补助	25.81	15.79	16.67
草畜平衡奖励	6.45	36.84	3.33
退牧还草补贴	3.23	10.53	6.67
退耕还草补贴	0.00	0.00	3.33
畜牧养殖机械购置补贴	19.35	15.79	23.33
标准化规模养殖奖励	6.45	5.26	6.67
棚圈建设补贴	25.81	36.84	43.33
养殖保险保费补贴	12.90	42.11	10.00
贴息贷款	35.48	15.79	23.33
羊毛（羊绒）最低保护价	19.35	21.05	23.33

数据来源：根据2024年度产业经济研究团队农牧户调查问卷整理计算得到。

六、2025年我国绒毛用羊产业发展趋势

本部分根据2024年度细毛羊、地毯毛羊、绒山羊养殖情况及羊毛、羊绒销售情况的调查结果，并综合考虑市场及政府政策等因素，从绒毛产量、绒毛价格、标准化规模养殖水平、产业组织化程度、社会化服务水平、品种保护与改良、饲草料供应七个方面预计2025年我国绒毛用羊产业发展趋势。

（一）细羊毛产量将小幅下降，地毯毛、羊绒产量稳中有增

2024年细毛羊养殖规模和细羊毛产量均呈下降趋势，我国细毛羊主产区农牧户对细毛羊产业信心不足，养殖积极性下降，转产、弃养现象较为普遍，预期2025年细毛羊养殖规模将小幅下降，整体养殖形势不容乐观。从国际方面看，外部经济环境的复杂性、严峻性、不确定性上升；从国内方面看，受经济增速放缓、内循环不畅、市场有效需求不足、居民消费降级等因素影响，细羊毛价格连续多年低位徘徊。随着人工、饲草、土地等养殖成本逐年上升，细毛羊养殖利润空间被逐步压缩，农牧户养殖细毛羊积极性进一步下降，更倾向于养殖当地土种羊或用肉用种公羊进行经济性杂交改良，且养殖主体老龄化趋势加剧，进一步削弱了细毛羊产业发展韧性，造成调研地区细毛羊整体养殖态势不容乐观。因此，预计2025年细毛羊存栏量将小幅下跌，细羊毛产量亦呈下降趋势。

2024年地毯毛羊养殖规模和地毯毛产量稳中有增，受地方政府地毯毛羊产业扶持政策和农牧户惜售心理的影响，预计2025年地毯毛羊养殖规模将继续稳中有增。一方面，地毯毛羊养殖是地方支柱产业和民生产业，地方政府出台了涉农企业、经营组织和农牧户贷款贴息，以及冷链仓储补助、税收减免等多项政策，扩大本地经营主体的牛羊收购量和政府收储量，加强农畜产品推介，积极外拓市场销路，拓宽出栏渠道。上述政策激发了养殖户养殖地毯毛羊积极性，养殖规模维持稳定。另一方面，近年来羊肉价格明显下降，农牧户预期活羊收购价格也将继续下跌，其惜售压栏会带来存栏规模的一定增加。因此，预计2025年地毯毛羊存栏量将继续增加，地毯毛产量稳中有增。

2024年绒山羊养殖规模较2023年小幅增加，预计2025年绒山羊养殖规模和羊绒产量将小幅上升。一是绒山羊养殖效益相对稳定，绒山羊主产区养殖

户反映绒山羊活羊出栏价格较 2023 年下降了 1~2 元/千克，降幅在 5%~10%。相对于绵羊及其他农产品而言，绒山羊活羊及羊肉价格跌幅较小，市场需求及养殖效益较为稳定，有效促进了绒山羊养殖规模的增加。二是地方政府对绒山羊产业的扶持也激发了养殖户积极性，进一步推动了绒山羊存栏规模的扩大。主产区将绒山羊产业作为区域优势特色产业，实施了种公羊良种补贴、人工授精补贴等扶持政策，推动优质绒山羊增产扩群提质，建设优质绒山羊种源基地和养殖基地，积极推广快速育肥、羔羊腹泻防治等实用养殖技术，促使绒山羊养殖规模稳中有升。预计 2025 年绒山羊存栏量和羊绒产量均呈上升趋势，但增幅较小。

（二）细羊毛价格呈止跌回稳趋势，地毯毛、羊绒价格呈上升趋势

根据国内外经济运行形势和绒毛供需状况，2025 年绒毛需求趋于回暖，预计细羊毛价格呈止跌回稳趋势，地毯毛、羊绒价格呈上升趋势。

细羊毛价格与 2023 年持平或有所回升，整体呈现止跌回稳趋势。一是羊毛作为国内重要的纺织原料之一，其市场表现与国内经济发展、相关产业政策和市场需求息息相关。根据 2024 年的调研数据，在国内羊毛主产区，细羊毛总产量降至 113.27 吨，相较于 2023 年减少了 9.29 吨，降幅达到了 7.58%。在当前经济增长放缓、整体需求趋于平稳的大环境下，羊毛供给的减少抑制了羊毛价格下跌的趋势，将促使价格有所回升，并逐渐趋于稳定。二是国际消费市场回暖导致羊毛原料价格止跌回稳。在全球经济步入低增长新常态背景下，根据 UNCTAD 最新发布的《2024 年全球贸易和发展报告》，预计 2024 年和 2025 年全球经济增速将维持在 2.7% 左右。尽管整体经济增长放缓，但国际消费市场却显现出回暖迹象，这对羊毛原料的价格走势产生了直接影响。具体来看，由于 2023 年基数较低以及部分海外市场的需求复苏，中国纺织品服装出口继续呈现增长态势。海关总署数据显示，2024 年前三季度，我国纺织品服装出口总额达到了 2 224.1 亿美元，同比增长 0.5%。其中，纺织纱线、织物及制成品的出口额为 1 043 亿美元，增幅达到 2.9%。受益于国际消费需求的回暖，羊毛原料价格止住了之前的下跌趋势，并趋于稳定。三是细毛羊主产区"工牧直交"、拍卖等羊毛销售方式发展迅速，提升了生产主体议价权。巩乃斯种羊场对本场细羊毛进行统一分级整理和规格打包，以拍卖方式销售给天宇羊毛工业有限公司，双方签订正式的销售合同，对羊毛的净毛率、细度、支数均

有约定，拍卖价格高于周边地区贩子收购价格。七十七团的细羊毛主要是由创锦天牧牧业有限责任公司（简称创锦公司）统一收购，以"工牧直交"方式销售给毛纺企业，创锦公司与毛纺企业签订正式的销售合同，对羊毛细度、支数均有约定。以上两种销售方式的交易双方合作关系较为稳定，同时提升了生产主体的议价权。因此，2025年细羊毛价格将呈止跌回稳趋势。

地毯毛的价格将呈上升趋势。地毯毛在工业上主要用于生产地（藏）毯、挂毯等纺织物，由于化学纤维和进口羊毛的强替代，造成市场对地毯毛的需求减少，收购价格高位下跌。近年来，市场需求持续不振，地毯毛销售价格一直在低位徘徊（3.5～5.0元/千克）。随着国内经济环境趋于平稳和内需市场回暖，毛纺企业加工订单有所恢复，加之下游加工企业的原料库存已经基本消耗完，毛纺企业对地毯毛原料的收购需求略有增加，导致地毯毛原料市场交易价格呈小幅回升趋势。因此，预计2025年地毯毛价格将呈上升趋势。

羊绒的价格将小幅上涨。羊绒销售价格上升的主要原因在于以下两点：一是羊绒消费市场缓慢复苏。2024年，全球市场预期明显改善，美国等发达经济体开启降息周期，全球经济增长整体趋于稳定。国际货币基金组织（IMF）预测2024年全球经济增速为3.2%。世界贸易组织《货物贸易晴雨表》数据显示，在2023年通胀高企和利率上升导致贸易需求停滞之后，2024年第四季度全球货物贸易景气指数已经升至102.7，全球货物贸易继续复苏。在全球经济寻求新平衡状态下，欧美等羊绒制品主要消费市场呈现缓慢复苏状态。贝哲斯咨询预测2024年全球羊绒服装市场规模为24.6亿美元，预计2024—2029年该市场将以6.2%的速度增长。同期，国内经济稳中向好，全国居民可支配收入呈稳定增长态势，导致羊绒制品消费缓慢复苏，进而拉动羊绒市场交易价格的上涨。二是绒山羊养殖成本增加。受环境生态保护政策的影响，各地积极推广舍饲养殖，农牧户的棚圈建设投入、饲草料支出及人工成本均有所增加，导致绒山羊养殖成本上升，进而推动了羊绒价格的上行。因此，预计2025年羊绒价格将呈上升趋势。

（三）绒毛用羊标准化规模养殖水平将进一步提升

近年来受国家和地方的政策推动，绒毛用羊标准化规模养殖不断发展。一方面，国家从2008年开始加强畜禽标准化规模养殖场建设，从2010年开始每年发布《畜禽养殖标准化示范创建活动工作方案》，采取"以奖代补"方式支持畜牧业标准化规模养殖建设。地方政府也通过棚圈建设补贴项目推进绒毛用羊家庭适度规模养殖标准化草棚或圈舍的建设。党的二十大报告强调发展农业适度规模经营。在农业农村部《畜禽养殖标准化示范创建活动工作方案（2018—2025年）》推进下，未来绒毛用羊主产区在绒毛用羊标准化、适度规模发展方面将继续获得资金扶持和引导，将继续撬动规模经营主体增加生产性投入，其标准化规模养殖水平也会随之提高。另一方面，国家和地方政府注重在繁育改良、饲喂饲养、疫病防控和产品质量等方面出台标准，包括《DB15/T 2507—2022 绒山羊育种和生产档案管理技术规范》《DB15/T 2797—2022 内蒙古白绒山羊繁殖期补饲技术规程》《DB6108/T 40—2022 羊场疫病风险评估技术规范》《DB15/T 2799—2022 绒山羊羔羊抓绒及羔羊绒整理规程》《GB/T 41442—2022 山羊绒净绒率试验方法 近红外光谱法》等，通过制度约束指导提升绒毛用羊标准化规模养殖的规范化程度，以确保绒毛用羊供给质量和产品质量。上述措施有利于绒毛用羊产业从传统放牧饲养模式向标准化适度规模养殖模式转变，从粗放经营向集约化经营转变。预计2025年绒毛用羊产业的标准化规模养殖水平将进一步提升。

（四）绒毛用羊产业的组织化程度将有所提高

目前部分绒毛用羊主产区形成了较为成熟的产业组织模式，如"企业＋合作社＋农牧户"模式、"党支部＋合作社＋农牧户"模式、"科研院所＋企业＋农牧户"模式和"企业＋农牧户"模式，不同养殖主体之间建立了较为紧密的利益联结机制，为绒毛用羊组织化程度的提高带来了发展契机。2024年中央1号文件明确提出，以小农户为基础、新型农业经营主体为重点、社会化服务为支撑，加快打造适应现代农业发展的高素质生产经营队伍。提升家庭农场和农民合作社生产经营水平，增强服务带动小农户能力。农业农村部也继续开展农民合作社质量提升整县推进试点、国家农民合作社示范社建设，与财政部联合印发了《农民专业合作社财务制度》。上述政策有助于不同类型养殖主体以合作社为纽带建立产业联合组织，提升协作深度和广度。部分绒毛用羊主产区养殖的产业组织模式发展较为成熟，养殖主体构成逐渐从一元单体结构向二元及多元主体结构过渡，养殖、生产、加工、销售等环节的横向或纵向协作领域进一步拓展，不同养殖主体以合同契约的形式建立了紧密的利益联结机制，并与农牧户在服务项目与合作内容上权责分明，组织化程度更高。此外，部分合作组织还实施了较为灵活的奖励或分红制度，激发了农牧户的生产积极性。预计，2025年绒毛用羊产业的组织化程度将有所提高。

（五）绒毛用羊产业农技推广市场化运营趋势将进一步增强

绒毛用羊产业农技服务社会化是推动农牧户与大市场衔接的重要途径。长期以来，受技术使用主体资源禀赋、技术属性、市场经济等因素影响，各级政府畜牧技术推广站是农业科技服务的主体。随着地方行政力量和社会投资的推动，合作社、规模场、家庭牧场、种养大户、牧业企业等各类新型畜牧业经营主体开始涌现并承接畜牧业社会化服务。这既符合参与主体的市场属性，亦能提高农技服务效率。因此，预计未来绒毛用羊产业农业科技的市场化运营趋势将进一步增强。

根据《关于加强农业科技社会化服务体系建设的若干意见》（国科发农〔2020〕192号）、《关于加快发展农业社会化服务的指导意见》（农经发〔2021〕2号）和《推进兽医社会化服务发展的意见》（农医发〔2017〕35号）等规范性文件，部分绒毛用羊主产区出台了相应的农牧业社会化服务实施意见，开始在畜牧兽医领域创新社会化服务组织运行模式。以畜牧兽医社会化服务模式为例，一方面，以"政府购买＋有偿服务"为主导，形成"市场运作、政府买单、按绩取酬"的运行模式，畜牧兽医社会化服务组织（如规模场、合作社等）提供疫病防控、品种改良等"准公共产品"，政府根据免疫质量监测指标衡量免疫成效，评价服务组织水平并兑付防疫报酬；另一方面，服务组织将防疫员、配种员等基层畜牧从业人员吸纳进来，按照企业运行方式与农牧户建立契约，提供菜单式、全托式或管家式服务，该模式有助于提高基层畜牧技术人员工资报酬，在降低基层技术队伍流动性的同时提高技术服务效率。党的二十大报告强调发展新型农业经营主体和社会化服务。上述社会化服务运作模式可以逐步用于品种改良、高效扩繁、机械剪毛、分级整理、疫病防控、饲料与营养调控、粪污资源化利用等具备"准公共产品"特征农业技术的推广应用，提升绒毛用羊产业社会化服务水平。预计2025年绒毛用羊产业农技推广市场化运营趋势将进一步增强。

（六）绒毛用羊产业将更加注重品种保护与改良

优质良种是发展现代化绒毛用羊产业的根基，良种资源的保护利用、选育改良和扩繁推广关系着养殖户的养殖效益，是绒毛生产和发展的直接驱动因素。新疆、内蒙古、青海等绒毛用羊主产区养殖户"倒改""转产"现象已经使部分绒毛用羊品种的绒毛生产性能出现不同程度的退化，绒毛细度粗化明显，影响绒毛用羊养殖的毛绒产值提升。从市场需求来看，一方面，随着消费者观念的改变，终端绒毛纺织产品消费需求朝着轻薄化、柔软化、环保化、高档化的方向发展，带来加工产业对细型、超细型的高品质绒毛原料需求快速增长，优质绒毛原料仍然短缺；另一方面，消费市场对羊肉需求的持续增加使绒毛用羊的培育向毛（绒）肉兼用型方向发展，澳大利亚、新西兰等国家80％～98％的羊为毛肉兼用、肉毛兼用或肉用品种。同期我国羊肉较羊毛的比价优势进一步凸显，养殖户更倾向于养殖肉羊或进行毛（绒）肉兼用型杂交改良，以提高经济收益。绒毛用羊主产区地方政府也意识到市场需求的变化，认识到优质绒毛生产的紧迫性和加强细分品系培育的必要性，借助国家和地方财政资金，持续开展了种公羊和能繁母羊良种补贴、高效繁殖技术示范推广补贴、种公羊鉴定淘汰、地方绒毛用羊品种新品系培育等。因此，绒毛用羊主产区良种繁育将继续兼顾品种保护和生产性能改良，即在保护已有优良特色绒毛用羊品种核心种群的基础上，侧重超细型、高繁型、体格大型、快长型等品系的细分选育，丰富绒毛用羊的良种结构，提升绒毛用羊品种的经济效益，以保障并提高养殖户的养殖效益。同时加强原种场、种羊场等良种培育主体与规模养殖场、养殖小区以及农牧户等扩繁主体之间的横向合作，推动绒毛用羊扩繁基地建设，将良种培育主体的技术和管理优势与扩繁主体的规模优势有机结合，增强绒毛用羊良种的供种能力。通过保绒毛品质、提高产肉率，保产肉率、提高绒毛品质，由肉用出栏转为种羊销售等，提高养殖户的绒毛用羊养殖效益。预计2025年绒毛用羊产业将更加注重品种保护与改良。

（七）绒毛用羊产业将更加注重饲草料供应体系建设

近年来，随着草原保护修复重大工程项目和政策深入实施，绒毛用羊养殖面临的资源环境约束和管控日益增强，农牧户逐步向舍饲、半舍饲等养殖模式过渡，天然饲草资源缺口持续扩大且设施牧业投入大幅上涨，外购饲草比重提升，养殖成本上升进一步压缩了农牧户利润空间。目前绒毛用羊主产区主要通过以下举措加强饲草料供应体系的建设：一是严格落实基本草原保护、禁牧休牧轮牧和草畜平衡等草原生态保护措施，加强可利用草场资源的管护，恢复天然草原植被，提高草原生产力和载畜量。通过草场确权和经营权流转，优化天然草场和打草场资源配置，提高四季牧场利用率，在实现适度规模养殖的同时，解放并转移富余劳动力，实现增收。二是以农业供给侧结构性改革为主线，聚焦破解优质饲草料资源约束，以粮改饲试点、草牧业试验试点、高产优质苜蓿示范建设、秸秆养畜等项目扶持为抓手，进一步优化主产区"粮、经、饲、草"四元种植结构，积极开展以紫花苜蓿、饲料玉米、青贮玉米、黑麦草等为主的人工饲草种植，优化牧草种植结构，增加饲草种植面积，提高饲草供应能力。三是利用中央财政农机购置补贴或地方小型饲草料加工机具购置补贴，完善饲草料加工利用设施的配备，推行青贮制作、饲草料粉碎加工调制、草料配合饲喂等技术，提高饲草料转化利用率。建设饲料储备加工点，引入草产品加工企业，侧重预混合饲料、青贮饲料、人工牧草和天然饲草的加工，推进饲草料专业化生产，并提高饲草料利用率。上述措施在一定程度上缓解了农牧户的饲草短缺，帮助农牧户控制了养殖成本、提高了经济效益。《"十四五"全国饲草产业发展规划》提出加快建立规模化种植、标准化生产、产业化经营的现代饲草产业体系。计划到 2025 年，饲草生产、加工、流通协调发展的格局初步形成，优质饲草缺口明显缩小。全国优质饲草产量达到 9 800 万吨，牛羊饲草需求保障率达 80％以上，饲草种子总体自给率达 70％以上，饲料（草）生产与加工机械化率达 65％以上。农业农村部表示各地要统筹用好各类财政专项资金和基本建设投资，加大对饲草产业发展的扶持，推进规划的落地实施。预期在规划引导和政策扶持下，2025 年绒毛用羊主产区将更加注重饲草料供应体系建设。

七、我国绒毛用羊产业发展存在的主要问题

2024 年我国羊毛、羊绒价格止跌回稳，但是国内绒毛用羊养殖效益依然偏低，绒毛质量下滑，绒毛生产存在萎缩风险。受全球经济复苏缓慢、市场需求疲软等因素的影响，绒毛产业发展过程依然存在很多亟待解决的问题。

（一）绒毛生产积极性下降，产业发展前景堪忧

我国绒毛主产区均拥有优良的品种资源，畜牧科技工作者经过长期的努力，先后培育选育了新疆的中国美利奴羊（新疆型），内蒙古的敖汉细毛羊、

罕山白绒山羊，辽宁的辽宁绒山羊等优良品种。这些品种既能适应当地气候环境，又具备良好生产性能。近年来受绒毛制品市场需求不振和活羊价格下行影响，绒毛用羊养殖效益偏低，农牧户的羊毛、羊绒生产积极性下降，绒毛产业未来发展前景堪忧。从国际情况看，全球经济增速虽然保持相对稳定，但依然面临诸多不确定性。国际货币基金组织（IMF）2024年10月发布的《世界经济展望》提出，在通货紧缩过程中全球经济保持了异常强劲的韧性，2024年全球经济增速为3.2%，较2023年下降了0.1个百分点。全球增长前景基本保持不变，仍处于几十年来的最低水平。IMF预计，2025—2029年全球经济增速将维持在3.1%左右，生产率增长缓慢、人口老龄化等结构性问题持续抑制着全球经济的增长潜力。UNCTAD发布的《2024年海运述评》指出，在贸易复苏的背景下，地缘政治紧张和气候变化也对全球贸易和供应链稳定性构成挑战。从国内情况看，需求不足问题突出。从消费层面看，2024年社会消费品零售总额同比增长3.5%，远远低于2023年的7.2%，如果剔除2020—2022年，2024年上半年社会消费品零售总额同比增速是2000年以来同期最低值，消费者信心指数也处于该数据统计以来的最低水平；从投资层面看，2024年上半年固定资产投资增速为3.9%，略高于2023年的2.8%，处于历史较低水平，甚至低于2021年、2022年水平。产业经济研究团队调研数据显示，羊毛、羊绒价格虽然有所回暖，但依然低位徘徊，绒毛收益在养殖收益中占比依然偏低，加上养殖用地的限制、人工及饲草料成本逐年上升，严重挫伤了农牧户绒毛生产积极性。养殖户追求绒毛用羊的肉用价值，忽视绒毛生产，羊毛、羊绒质量也有所下降，未来绒毛生产存在较大的萎缩风险。

从调研情况看，新源县、敖汉旗的细毛羊养殖户主要集中在当地种羊场附近，种羊场外的农牧户弃养细毛羊、转产肉羊品种的现象较为普遍。七十七团部分农牧户用萨福克羊、杜泊羊、德克塞尔羊等品种与细毛羊基础母羊进行F1代经济杂交，经济杂交后代产肉率、生长速度均高于细毛羊，在同等养殖条件下，脂肪含量显著低于细毛羊，更受收购商贩和消费者青睐，因此农牧户更倾向于养殖经济效益较好的杂交羊。海晏县的农牧户也存在将地毯毛羊与肉羊种公羊杂交的现象，由于地毯毛羊生长速度慢，羊毛单产水平较低，较低的养殖效益导致农牧户对地毯毛羊生产不重视，对产毛性能较高的优良品种的选育积极性不高，当地良种率仅在70%左右，不利于优良地毯毛羊养殖的长期稳定发展。巴林右旗部分农牧户出于经济利益考虑不重视羊绒细度，自发购买羊绒单产高、羊绒细度粗的辽宁绒山羊种公羊用于改良杂交本地优良品种，致使羊只产绒性能变化带来羊绒细度变粗，也导致优质特色基因流失，当地罕山白绒山羊成年母羊所产羊绒平均细度从 2013 年的 13～15 微米粗化至 2024 年的 16～16.2 微米，年均以 0.1～0.3 微米的速度变粗。有的农牧户追逐快速育肥出栏，因为羊毛、羊绒收益少，甚至不再剪毛、剪绒直接出售活羊，绒毛产业未来生产形势较为严峻。

（二）资源环境约束推动养殖成本持续攀升，绒毛用羊养殖利润空间缩减

为改善和保护草原、林地等生态环境，国家及相关省份出台并实施了一系列重大工程项目和政策，如《第三轮草原生态保护补助奖励政策实施指导意见》《"十四五"林业草原保护发展规划纲要》等，积极推行基本草原保护制度、禁牧休牧、划区轮牧和草畜平衡保护措施，旨在实现生态环境的可持续发展。各调研地区均实施了禁牧、休牧等各类生态保护政策。随着这些政策的实施，加上各调研地区近年来降雨偏少，干旱天气频发，自然资源和环境约束越来越大，农牧户天然饲草资源缺口持续扩大且设施牧业投入大幅上涨，养殖过程中饲草料不足、养殖用地减少等问题突出，农牧户养殖成本压力攀升，养殖利润空间缩减。

从调研情况看，各调研地区的政府均规定了载畜量、休牧期、禁牧区和草畜平衡区域等。牧区省份的草原站和草原监理所对辖区内草原进行日常巡查和监督检查，并对超载放牧、偷牧、盗牧等行为依法处罚。具体来看，新疆巩乃斯种羊场制订草畜平衡管理方案并推行草畜平衡年检卡，设置卡点关口，清点牲畜数量，严控超载现象，鼓励农牧户将超载牲畜舍饲或流转承包转入周边乡镇草场；七十七团地处中哈边境，天然可利用草场面积为 28.7 万亩，因边境围栏导致 12.6 万亩草场无法放牧或打草；敖汉旗出台《敖汉旗草原生态保护补助奖励政策实施方案》，将草原补助资金兑现与农牧户禁牧情况挂钩，违反禁牧规定将扣罚草原生态保护补助奖励资金；巴林右旗以嘎查（村）为最小单元，一个嘎查（村）或禁牧或草畜平衡。辽宁自 2010 年起实施封山禁牧政策，未对农牧户实施相关的禁牧补助，但是配套制定了相关惩罚措施，进入林地放牧且拒不改正的，每只羊被处以 10 元以上 30 元以下罚款。本溪县属于旅游城市，部分在旅游资源和水源地附近的绒山羊养殖活动被禁止。各地实施的上述措施使绒毛用羊养殖面临的资源环境约束和管控日益增强，人工饲草料购置、

舍饲棚圈及配套设施、雇工等成本费用显著增加。如七十七团 2023 年因天然草场干旱少雨，饲草料缺口高达 75%，从新源县、巩留县等地外调 18 千克标准捆的饲草料，市场销售价格高达 45～46 元/捆，平均单价约 2.5 元/千克，饲草供需不平衡、不充分矛盾突出；海晏县可利用草原面积为 448.36 万亩，禁牧面积为 208.64 万亩，草畜平衡面积 357 万亩，禁牧面积补助标准 13.24 元/亩，草畜平衡面积奖励标准 2.5 元/亩，而该县农牧户养殖一只地毯毛羊租赁草场的平均费用高达 44.5 元/只；巴林右旗人均草牧场面积近 100 亩，农牧民从草原生态保护补助奖励政策落实中可得到补助资金为常年禁牧区每人 990 元、草畜平衡区每人 330 元，而每只羊的饲草费为 130.20 元，相关补助对缓解饲草料成本增加的作用十分有限。由于各调研地区采取了全年或季节性禁牧政策，农牧户圈舍建设及维修费用逐年增加，而且每年 9 月份还需要准备购买或者贮存较多数量的饲草料，资金压力较大。整体来看，资源环境条件约束趋紧，饲草料不足、购置饲草料带来的资金成本压力和养殖用地受限等已经成为当前农牧户面临的主要困难，由此带来的成本攀升进一步压缩了养殖利润空间，成为制约养殖意愿提升和养殖规模扩大的主要瓶颈。

（三）绒毛良种补贴政策覆盖范围小、补贴水平低，延缓良种推广进程

优良种质资源是绒毛用羊产业可持续发展的源头和先导，种公羊、基础母羊的生产性能在很大程度上影响后代的生产性能，如绒毛产量、质量和产羔率等。因此，对优质种公羊实施良种补贴政策，提高良种化率，对于实现绒毛产业的高质量发展具有非常重要的意义。我国在 2009 年、2011 年分别将绵羊、山羊纳入畜牧良种补贴范围，在全国 19 个省份对项目区内能繁母羊存栏 30 只以上的养殖户购买种公羊按 800 元/只标准给予补贴。2017 年起，国家将畜牧良种补贴政策的实施范围调整为内蒙古、四川、云南、西藏、甘肃、青海、宁夏、新疆等 8 省份内能繁母羊存栏 30 只以上的养殖户。调研资料显示，各调研地区在 2017 年及之前均享受国家畜牧良种补贴政策，2017 年之后中央财政补助资金按大专项整体切块下达到省，各县通过申报畜牧良种项目方式获批农业生产发展资金，各地区根据农业生产实际情况在补贴标准、补贴畜种等方面均有所差异。整体来看，良种补贴政策覆盖范围小，各调研地区多数农牧户未享受种公羊补贴政策，有部分地区依托种羊场、扩繁站等为农牧户提供免费或有偿的品种改良服务，但是对农牧户的激励与示范带动作用有限，优良地方品

71

种生产性能下降和退化风险较高。

从调研情况看,巩乃斯种羊场成立伊天骏牧业分公司,养殖优质种公畜131只,建设5个细毛羊配种站,为签订铁畜承包合同的农牧户免费提供统一配种和品种改良服务。2024年巩乃斯种羊场获得冷冻精液生产经营许可,此后可向社会有偿提供高质量、高活力的优良种公羊精液,实现育、繁、推一体化发展。敖汉旗的种公羊补贴对象仅限于购买小尾寒羊、杜泊羊等肉羊品种的养殖主体,但是种羊场每年出台年度育种管理办法,对养殖户免费提供细毛羊种公羊。刚察县对于购买一岁龄地毯毛羊种公羊补贴标准为800元/只,该县2020—2023年的补贴数量分别为625只、100只、600只和950只。海晏县的补贴标准为800元/只,青海省农业农村厅2023年下达海晏县良种补贴资金92万元,当地畜牧兽医站按照"活畜补贴"的原则补助地毯毛羊种公羊1 150只。质量较好的地毯毛羊种公羊市场售价一般在2 000元/只左右,养殖户自筹资金压力依然较大,而且相对于广大农牧户群体数量而言,补贴数量十分有限,农牧户购买和养殖良种地毯毛羊的积极性较低,减缓了良种推广进程。巴林右旗自2022年起以直接补贴的方式扶持能繁母羊30只以上的养殖场(户)购买优良种公羊,罕山白绒山羊为优先补贴品种且应补尽补,补贴标准为1 600元/只[①],基础母羊人工授精补贴标准为46元/只。此外,盖州市、本溪县绒山羊自2017年以来未曾实施过种公羊补贴政策,农牧户的绒山羊种公羊均为自行购买。

(四) 多地种羊场面临资金和人才短缺问题,育种、供种能力受限

优良种质资源是绒毛用羊产业可持续发展的源头和先导,种羊场作为保护品种资源、推进品种改良的主阵地,其良性发展是我国绒毛用羊产业向现代化、高质量转变的前提和基础。然而,调研地区种羊场在发展中面临运营资金、技术人才缺乏问题,导致对优良地方品种的保种育种功能未充分发挥。

在调研中发现,各调研地区均建有数量不等的种羊场。海晏县仅有海晏湟

---

① 良种补贴资金申报程序:养殖主体提交购买种公羊申请→嘎查(村)村民委员会汇总公示→上报所在苏木(镇)、街道审查签署意见→上报旗农牧局→苏木(镇)、街道和嘎查(村)组织养殖主体到选定的供种单位购买种公羊,并代表购羊者与种羊场签订购销合同→苏木(镇)、街道填写"种公羊补贴项目种公羊供应清册"上报旗农牧局审核→旗农牧局抽查核实汇总购买种公羊情况→旗财政局根据核实情况将补贴资金用"一卡通"的形式直接发放给养殖主体。

水源白藏羊繁育基地还在正常运营，其余繁育基地大多对各类项目依赖性强，经营状况困难，造成供种能力有限，缺乏持续性，不利于地毯毛羊良种的推广工作。巴林右旗的赤峰市罕山白绒山羊种羊场于 2020 年 10 月转企改制，由事业单位变为国有企业。由于政府没有明确固定的经费支持，禁止放牧后，全舍饲养殖成本增加，种羊销售受市场行情波动影响，种羊场运转资金紧张。场内资产多为生物资产，从金融机构贷款融资也较难，再加上缺少技术人才，种羊场在品种改良提升方面的精力有限。盖州市的辽宁绒山羊原种场有限公司原种场为国家级原种场，2007 年由事业单位改制为国有企业，现有职工 20 人，近年来受饲养成本上涨的影响，资金周转困难，波及辽宁绒山羊原种场有限公司的正常运转。本溪县的初洪伟辽宁绒山羊种羊场是私营企业，目前场内仅有 3 名职工负责千只绒山羊日常养殖，出售种羊、羔羊以及羊绒。值得注意的是，由于辽宁绒山羊远近闻名，还有部分养殖户自发注册种羊场，这些场里的"种羊"没有专门的质量监管，且由养殖户自发成立的种羊场基本没有技术人员，主要是高价销售辽宁绒山羊，供种能力和质量非常有限，更谈不上品种保护和改良。整体来看，种羊场发展受困，对周围养殖户改良的辐射引领带动作用必定会受影响，这也是造成养殖户引种改良处于渠道混乱、品种杂乱、管理无序的原因之一。

（五）基层畜牧兽医专业服务供给不足，农牧户实用养殖技术应用较少

目前，受气候条件及资源环境约束，各调研地区的绒毛用羊养殖活动仍以家庭经营的分散养殖为主，养殖人员普遍文化水平偏低，往往根据自身经验从事养殖活动，尤其是小规模养殖户采用传统养殖方式且较少应用实用新技术。从调研情况看，养殖户对基层畜牧兽医专业服务具有较大的需求，但各调研地区的有效供给不足，不利于绒毛用羊产业的健康发展。具体来看，各调研地区畜牧技术推广部门承担了绝大部分公益性和经营性农技推广工作，服务内容上侧重于"自上而下"的政策落实与项目实施，现有专业技术人员数量有限，在服务方式上多"外包"给农广校、农科院校或涉农公司，以短期培训、发放宣传资料等为主，围绕行政需求的单向输出式技术服务与农牧户技术诉求产生较大偏差。此外，多个调研地区的农牧部门反映当地畜牧兽医专业技术人员年龄结构老化，40 岁以下的技术人员较少，因为经费投入不足及工作人员薪酬福利待遇偏低等困难，难以吸引和留住年纪轻、学历高的专业技术人才，畜牧兽

医队伍的技术水平较难得到新生力量的补充和提升。由于长期缺乏新进人员，现有人员的知识和技术水平也难以跟上现代畜牧业的发展需求。

受上述因素影响，部分地区低水平规模饲养带来的环境污染、质量安全和疫病防控等问题日趋严重，部分实用养殖技术掌握情况参差不齐，对饲草加工、羔羊补饲和早期断奶、"穿羊衣"、机械剪毛、分级打包等多项专业性技术的认知度和采用意愿均较低，只能满足基本生产管理需求。具体来看，在饲草料喂养和使用方面，多数农牧户一般根据自身经验确定各种饲草料的饲喂量、搭配比例和饲喂时间，放牧期间则完全依靠羊只自由采食，对青贮加工、青贮壕贮制和 TMR 日粮配方等饲草料科学使用技术知之甚少；在"穿羊衣"技术方面，受放牧环境、安全隐患和经济效益等因素影响，大多数农牧户使用该技术的积极性不高，"羊衣"均是各绒毛用羊试验站免费发放给部分农牧户使用；在疫病防控方面，对于强制免疫和计划免疫药物，农牧户一般在兽医技术人员指导下完成，而在日常防治环节，农牧户大多凭借自身经验判断羊只所患疫病类型，自行购买药物进行治疗；在羊舍清洁与消毒方面，农牧户仅在产羔和转场阶段对羊圈进行清理，以喷雾、撒石灰等方式进行简单消毒，大多数养殖户没有贮粪场及粪污处理设施。

（六）专业合作社、家庭农场等新型经营主体发展缓慢，产业组织化程度低

推动专业合作社、家庭农场、农业龙头企业等新型经营主体高质量发展，有利于提高养殖户进入市场的组织化程度和畜牧业产业化经营水平，是传统畜牧业向现代化畜牧业转变的重要特征之一。从调研情况看，各调研地区的绒毛用羊专业合作社在数量和质量上均处于停滞状态，多数没有真正运营，沦为空有其名的"空壳社"；家庭农场、畜产品加工企业等新型经营主体产业化程度不高，毛肉制品多处于初级加工阶段，产业链条短、产品附加值低，示范带动作用有限。

从合作社发展情况看，各调研地区绒毛用羊专业合作社能够规范运作的数量较少，带动作用未有效发挥。在细毛羊产业，巩乃斯种羊场和七十七团均没有细毛羊专业合作社，敖汉旗只有 1 家细毛羊养殖专业合作社。在地毯毛羊产业，刚察县和海晏县的农牧民专业合作社分别有 131 家和 69 家，但涉及地毯毛羊养殖相关的合作社数量较少，当地农牧户参与合作社的比例也较低，职能

发挥比较有限。在绒山羊产业，巴林右旗尚未建立专门的绒山羊养殖专业合作社，有意向的绒山羊养殖户一般加入肉羊养殖专业合作社。盖州市和本溪县虽然已有能人大户带动的绒山羊养殖专业合作社成立，但是实际运行的绒山羊养殖专业合作社少，大多数组织者是基于利用合作社名义争取项目扶持或向信用社贷款的动机才注册成立绒山羊养殖专业合作社。对于已注册成立并实际运行的绒山羊养殖专业合作社，仅向内部社员提供活羊或羊绒的集中销售服务，导致合作社和社员间无法建立长期的利益联结和合作意识，无法实现风险共担和利益共享，合作社成员之间缺乏凝聚力，组织机构比较松散，发展相对滞后。个别运行规范的合作社受制于管理者的能力，无法吸纳更多的成员。总体看来，以家庭为单位的小农生产方式在绒毛用羊养殖中占有较高比例，各家各户分散生产、单独经营，彼此之间的经济联结处于分散状态，不仅没有资金、技术和人才等资源的整合利用，也没有建立起风险共担和利益共享机制，发展动力十分薄弱。

从家庭农场等其他新型经营主体发展情况看，各调研地区的家庭农场正处于起步阶段，产品精深加工企业屈指可数，部分调研地区已经有部分能人大户成立羊肉加工企业，但大多处于初级加工阶段，存在产业链条短、深加工不足、产品附加值低、经济效益低下等问题。此外，合作社、家庭农场和企业普遍缺乏资金以及懂技术、会管理的复合型人才，使得各类新型经营主体发育不足，产业的组织化程度较低。

（七）绒毛收购定价方式不合理，"优质优价"机制尚未建立

目前各调研地区的羊毛、羊绒销售过程中，"工牧直交"和拍卖等方式发展迅速，绒毛销售渠道呈现多样化发展态势，但是大部分地区的绒毛交易尚未实现分级整理，依然采用污毛（绒）计价，"优质"难享"优价"。从调研情况看，七十七团的细羊毛80％通过创锦公司以"工牧直交"方式销售，羊毛按标准分为细特、细二、改毛和疵点4个等级，但是统一销售给江苏的毛纺企业；创锦公司在2017年国有企业改革后拥有2.7万亩原属于各生产连队的人工改良草场，其按照收购1千克羊毛分0.2亩地的标准分配人工草场，多数农牧户因饲草料短缺按照企业单方定价将羊毛销售给该公司，细羊毛销售价格比同期贩子收购价格还要低3～4元/千克，多数受访农牧户表示收购价格偏低且没有议价权，未体现出"优毛优价"。敖汉旗的细羊毛全部通过贩子上门收购

方式销售，农牧户均采用污毛计价，直接将细羊毛混等混级销售给收购商贩。海晏县和刚察县的地毯毛羊养殖户大多分散居住在位置偏僻、交通不便的高原地区，缺少拖拉机等运输工具，当地也没有地毯毛集中交易场所和加工企业，大部分地毯毛是通过贩子上门收购的方式销售，农牧户一般将未加工的地毯毛羊混级销售给收购商贩，交易价格主要由贩子单方面确定，农牧户在议价定价方面没有主动权，加上贩子来源、数量不固定导致"压级压价"现象普遍。巴林右旗有50％的羊绒依然依靠传统的贩子上门收购的方式，有50％的羊绒则是销售给内蒙古赤峰东荣羊绒制品有限公司。本溪县和盖州市的农牧户也是将羊绒销售给上门的贩子，或是将羊绒销售给来自河北清河或者本地的羊绒加工企业。农牧户根据对方报价，选择价高者销售，交易过程中羊绒依然采用污绒计价，并未实现分级整理和定价。有的养殖户在剪绒时按照部位对收集的羊绒简单分类，但是贩子收购时往往会将羊绒直接混装在一起，企业收购时往往也是给出一个平均价格，并未针对不同质量的羊绒给出不同的收购价格。总体看来，绒毛交易过程中，养殖户普遍缺乏分级整理和销售意识，不同羊只、不同部位、不同细度的羊毛（羊绒）直接混在一起销售；贩子上门收购时往往通过手感、目测等主观判断羊毛（羊绒）质量，没有条件也没有能力对羊毛（羊绒）进行分级，只是根据市场行情和自身观感给出混级收购价格；羊毛（羊绒）加工企业为了节约收购成本，多是采用混等混级收购，价格也是以主观经验判断。绒毛收购定价方式不合理，"优质优价"之路任重道远。

（八）绒毛品牌建设与宣传滞后，特色产业缺乏重点关注和扶持

我国绒毛主产区大多位于西部、北部经济发展较为落后的民族聚居的边疆地区，养殖户以及各类新型经营主体的主要精力依然集中在绒毛用羊养殖和绒毛生产过程，品牌意识淡薄。地方政府对绒毛产业的扶持多是执行国家相关畜牧扶持政策，当前的支持主要集中在生产领域，销售环节、加工环节缺乏行之有效的措施，整体扶持力度较弱。各调研地区的细毛羊、地毯毛羊和绒山羊均有较为悠久的养殖历史，羊毛、羊绒、羊肉在本地均具有较高的美誉度，在其他地区却鲜为人知，绒毛原料及相关产品缺乏具有影响力的产品品牌、企业品牌和区域品牌。

从调研情况看，各调研地区的绒毛用羊养殖收益以农牧户散毛（绒）和活羊销售为主，"小富即安"的经营思维占据主导位置，部分新型经营主体存在

"重生产、轻品牌"倾向，具有区域示范带动作用的绒毛企业品牌和产品品牌稀缺。从养殖户到合作社、家庭农场等各类经营主体普遍缺乏产品品牌宣传推广技能，品牌形象塑造及宣传推广模式较为单一，地方政府在打造区域品牌方面也缺乏相关人才和行之有效的方式方法，致使绒毛肉产品多在产地流通，市场竞争力不足，无法进入更广阔的市场、产生更大的经济效益。

八、促进我国绒毛用羊产业发展的政策建议

在国内外环境不确定性影响下，国内绒毛生产形势较为严峻。重视绒毛产业发展，加强对产业发展的重视和扶持已经刻不容缓。本部分从我国绒毛用羊产业发展现状出发，针对目前产业发展过程中存在的主要问题，提出如下政策建议：

（一）聚焦养殖效益提升，多措并举稳定养殖户绒毛生产积极性

绒毛用羊产业是我国极具特色和国际优势的畜牧产业，绒毛用羊养殖活动是农牧户重要的收入来源。绒毛用羊产业的发展有助于形成从养殖到加工制造再到销售的完整产业链，还能带动饲料生产、物流运输、文化旅游等行业增长，促进地方经济多元化迈进。高品质的绒毛原料及制品在国际市场享有盛誉，绒毛用羊产业是出口创汇的重要产业。近年来绒毛价格低位徘徊，加上活羊价格下跌，绒毛用羊养殖效益较低，严重挫伤了农牧户的绒毛生产积极性，绒毛生产存在萎缩风险。建议聚焦养殖效益提升，提升养殖环节在绒毛用羊产业链中的分配地位，稳定养殖户绒毛生产积极性。

第一，推进标准化适度规模养殖，提高生产效率。标准化适度规模生产是绒毛用羊养殖发展的必然趋势，建议各地政府立足当地的草场和林地资源、草料资源、养殖技术等选择适宜的规模，培育规模适度、生产集约、管理先进的家庭农场。加强对中小养殖户的技术指导和服务支撑，引导其开展联户经营或者与合作社、家庭农场、龙头企业建立利益联结机制，进而带动中小养殖户专业化生产，提升中小养殖户的发展能力和市场竞争力。

第二，加大养殖基础设施建设投入，改善农牧户养殖条件。在公共基础设施方面，可以依托中央和地方各类项目资金，如草原生态保护补助奖励资金、水利发展资金、中央财政衔接推进乡村振兴补助资金及其他惠农项目资金，开

展草原围栏、优质饲草料基地、饲草料储备库、饲草料交易市场和水电路等公共基础设施建设，改善农牧户养殖基础设施条件，缓解养殖过程中的饲草料供需矛盾。在农牧户标准化养殖设施建设方面，整合利用各类支农项目资金，扶持农牧户修建标准化棚圈，配备饲草料加工机械，改善养殖条件，对农牧户旧棚进行改造和维修，加强畜用暖棚等饲养管理设施建设，增强疫病防控能力和抗风险能力，提升养殖效率和质量。

第三，根据市场需求变化及农牧户养殖状况，在养殖、生产、加工、流通和外贸等环节构建完善的绒毛用羊产业政策扶持体系。如在养殖环节，加强对优良品种的保护以及选育、扩繁，促进农牧户使用优良品种和采用先进的养殖方式；在绒毛生产环节，推广"穿羊衣"、机械剪毛（绒）、分级整理、规范打包等绒毛生产采集现代化管理技术，并注重打造国产绒毛品牌；在流通环节，在绒毛主产区建立产地市场，基于公证检验制度为农牧户和绒毛加工企业建立沟通渠道，形成"优质优价"的销售机制；在外贸环节，采取绒毛制品的出口促进措施，建立羊毛预警信息机制等。

（二）完善生态保护和饲草料产业发展政策，推动产业持续发展

受自然环境和草原、林地等各类生态保护政策的影响，传统的放牧养殖方式已经发生了根本性转变，草原生态保护补助奖励政策补奖标准偏低及禁牧政策实施带来的饲草料短缺、养殖成本压力增大等问题较为突出，也影响了绒毛用羊产业的可持续发展。为此建议政府完善生态保护和饲草料产业发展政策，改善农牧户养殖条件，推动产业可持续发展。

第一，在科学评估草场承载力的基础上，合理规划禁牧区域和禁牧期限，推行季节性禁牧与轮牧相结合的模式，缓解禁牧和绒毛用羊养殖之间的矛盾。提高禁牧补助、草畜平衡奖励等生态保护政策的补奖标准，具体的补奖标准应该结合不同地区的气候环境、人均草场面积、草场质量、饲草料价格变化等因素确定，体现出地域性和动态性，以更好地弥补舍饲圈养引起的饲养成本上升对农牧户造成的不利影响。

第二，优化绒毛主产区"粮、经、饲"三元结构，依托粮改饲试点、草牧业发展试验试点、高产优质苜蓿示范建设项目等，推进高产优质饲草料基地建设，以标准化牧草生产提高牧草质量，优化饲草品种种植结构，在丰产栽培、病害防治、节水灌溉、采收加工等环节为农牧户提供技术培训及配套服务，增

加饲草供给能力。

第三，加大对饲草料产业的资金支持力度，统筹用好各类财政专项资金和基本建设投资。积极开展人工种植牧草和青贮玉米等优质饲料作物种植，推广青贮技术，广泛开发饲料来源。加强饲草料生产、收割、加工、储存和配送体系建设，在牧草草种、肥料、牧草种植采收和加工机械设备等方面向农牧户提供更多的支持，促进饲草料商品化交易流通。鼓励和支持饲草料品牌的建设，规范市场秩序，提升饲草料产品的市场竞争力。

（三）探索品种改良多元主体协作模式，确保良种稳定供应

经过多年发展我国已经形成了适应羊产业区域布局的以种羊场为核心、以繁育场为基础的良种繁育体系。近年来受市场环境变化影响，种羊场等基层繁育机构运营困难，制约了新品种的培育、改良和推广工作的顺利开展，部分养殖户引种改良处于渠道混乱、品种杂乱、管理无序状态，部分调研地区绒毛用羊的优良生产性能已经出现不同程度的退化。为此建议探索品种改良多元主体协作模式，确保良种稳定供应，从而延续良种优质特性。

第一，探索多元主体协作模式。在新品种（品系）培育方面探索"政府＋科研院所＋企业"协作模式，由科研院所牵头，依托项目资金或政府、企业配套等资金，借助原种场、种羊场、扩繁场（站）等良种培育和推广机构进行肉毛兼用、多胎、双向高产等绒毛用羊新品种（品系）培育，侧重研究和示范，经推广亦能产生较大的经济效益。在经济性杂交改良技术方面探索"科研院所＋企业""科研院所＋企业＋农户"等协作模式，加强技术研发端（科研院所）、销售端（原种场、种羊场等）、生产端（规模养殖场、养殖小区、农牧户等）三者之间优势资源整合与横向合作，通过构建沟通、分工与协作机制，开展技术转让、技术开发、技术服务等多方位合作。在高效扩繁配套技术推广方面探索"政府＋企业""政府＋企业＋农户"等协作模式，一般由涉农企业主导，在企业取得经济利益的前提下，优化农牧户土地、资本、劳动力等资源配置，构建企业与农户双向共赢的利益联结机制，侧重选育选配技术、人工授精技术、同期发情技术、胚胎移植技术等实用技术推广，既能提升我国绒毛良种扩繁和推广速度，也能提升农牧户细毛羊养殖经济效益。

第二，加强对种羊场发展的引导、规范和支持。种羊场的保种育种工作具有长期性和公益性，再加上当下种羊场多为企业代管，因此政府部门应尽量协

调财政资金为种羊场提供固定的年度保种经费，持续关注种羊场经营发展状况，及时研究指导种羊场脱困，协调金融机构开展活体牲畜质押贷款业务探索，争取周边绒山羊主产区与种羊场开展引种合作等。促进种羊场等良种培育主体与规模养殖场、养殖小区、家庭牧场以及农牧户等扩繁主体之间的横向合作，以承包、委托、合作等多种经营方式推动绒毛用羊扩繁基地建设，在品种改良、疫病防控、产品生产与销售等方面进行统一管理，将良种培育主体的技术和管理优势与扩繁主体的规模优势有机结合。

（四）加大绒毛良种补贴力度，提高养殖户使用良种的主动性和积极性

畜禽良种是畜牧业发展的基础和关键，近年来受良种补贴政策覆盖范围小、补贴水平低以及绒毛用羊养殖效益偏低等因素影响，大部分农牧户购买绒毛用羊优良品种的积极性有所削弱。为此建议加大良种补贴力度，提升养殖户使用良种的主动性和积极性。

第一，增加补贴数量和品种并提高种公羊补贴标准。从补贴品种看，我国拥有较为丰富的绒毛用羊品种资源，建议将部分适应性强、生产性能好的地方优势品种更多地纳入补贴范畴，以促进遗传多样性和地方品种的保护与利用。从补贴标准看，绒毛主产区大多将补贴标准定为800元/只，个别地区会有追加补贴，但大多也是固定的补贴标准，建议采取与生产性能挂钩的差异化补贴，从而激发农牧户购买性能更优秀的种公羊。

第二，积极推进能繁母羊补贴政策，整合项目资金对农牧户能繁母羊、后备母羊等给予适度补贴，根据品种、生产性能和鉴定结果实行分等级差异补贴，同时对专业合作社、家庭牧场、规模养殖场（区）等新型经营主体给予重点支持。

第三，试点开展专项技术补贴，如人工授精、冻精、胚胎移植等，按照配种数、受胎率等指标的达标情况对提供上述技术服务的人员给予一定补助或奖励，引导农牧户进行品种改良。

（五）创新技术服务模式，提升农牧户科学养殖水平

目前，大部分农牧户依然沿用传统的养殖经验从事绒毛生产活动，目标养殖环节的标准化、精细化水平偏低，从事技术服务和推广的基层畜牧工作人员还存在知识陈旧、人手不足等问题，而且以政府为主导的技术服务模式与农牧

户的技术需求还存在较大的偏差。为此，建议创新技术服务模式，提高农牧户技术应用水平，逐步实现绒毛产业的科学化、规范化、标准化发展。

第一，创新基层技术社会化服务组织运行模式，政府可以通过订购、委托、招投标等方式与畜牧兽医社会化服务组织建立合作关系。一方面，政府以购买服务形式，将疫病防控、品种改良等工作交给具备相应资质的畜牧兽医社会化服务组织（如规模场、合作社等），政府根据免疫质量监测指标衡量免疫成效，评价服务组织水平并兑付防疫报酬；另一方面，畜牧兽医社会化服务组织将防疫员、配种员等基层畜牧从业人员吸纳进来，按照企业运行方式与农牧户建立契约，提供菜单式、全托式或管家式服务，该模式有助于提高基层畜牧技术人员工资报酬，在降低基层技术队伍流动性的同时提高技术服务效率。

第二，创新农业技术推广模式，探索构建数字化农业综合服务平台，在传统的组织技术培训班、专家讲座的基础上，充分利用现有的互联网技术，通过新媒体分享和传播先进的养殖技术，使农牧户更加高效、便捷地了解和掌握新技术。同时，为提高培育效果，实行"分段式、分专业、重实训、参与式、强服务"的培训方式，采取理论教学与实践教学两种教学模式对符合培育条件的农牧民进行培训，并根据农牧业生产周期和季节分段安排课程。

第三，加强对农牧户的技术服务保障，提高农牧户实用养殖技术普及率。采取入户指导、现场交流、多媒体宣传等方式，在繁殖技术、饲养管理、日粮配制、防疫检疫、无害化处理、机械剪毛等方面给予及时有效的技术支持，提高技术培训效果和农牧户对实用养殖技术的实际应用水平，引导农牧户向科学化、集约化、专业化的养殖方式转变。

（六）加强新型经营主体培育，促进绒毛产业高质量发展

专业合作社、家庭农场、龙头企业等新型经营主体高质量发展是推动农业产业规模发展和乡村振兴的重要推动力量。目前，各调研地区绒毛用羊产业的家庭农场、龙头企业等各类新型经营主体数量较少，专业合作社运行规范性差，示范带动作用尚未充分发挥。因此，建议政府部门加强引导和扶持，积极培育家庭农场、专业合作社等新型经营主体，促进绒毛用羊产业高质量发展。

第一，健全规范相关管理制度。如合作社方面，考虑完善农民合作社登记管理规定，加强对合作社经营运作的监管力度，通过完善章程制度、健全组织结构、规范财务和社务管理等夯实合作社有效运营基础，对未运营的合作社，

尽量通过限期整改完善或合并方式帮助其开展运营，确无发展条件的引导其自愿注销，引导农民合作社依法规范发展；家庭农场方面，应完善家庭农场注册、成立和管理服务制度。

第二，地方政府在农牧户成立家庭农场、养殖专业合作社或者创办企业过程中要给予必要的指导和支持，特别是在土地流转、产业化创新经营机制、财政税收、金融信贷、补助奖励、项目资助等方面提供多方位的帮扶政策和资金支持，帮助其建立会计制度、民主管理制度、利益分配制度、小农利益保护机制等，逐步形成完善的运行机制。还应该注重培育优秀典型，发挥其示范带动作用。

第三，鼓励新型经营主体经营模式创新，积极推动各类生产经营主体在绒毛用羊养殖、生产、加工、销售等不同环节开展多元合作，打造统筹配套、功能互补、联系紧密的产业联合体，建立灵活畅通的信息沟通交流机制，在配种、防疫、养殖、产品收获及销售等方面搭建稳定的利益联结机制，引导农牧户上游向良种繁育、集中育肥延伸，下游向精深加工、品牌拓展延伸，推进不同生产经营主体的深度融合。

（七）规范绒毛流通市场建设，加快建立"优质优价"机制

目前绒毛交易过程中，多种交易方式并存，既包括传统的贩子收购，也包括"工牧直交"、拍卖交易、网络电商等形式。由于绒毛流通市场规范性不强和市场行情变化等多种原因，导致销售过程中养殖户普遍处于被动位置，同时，绒毛混等混级销售，优质羊毛（绒）不享受优价，这不仅影响了农牧民的经济利益，也不利于绒毛流通市场的健康发展和高质量绒毛的生产。因此，建议规范绒毛流通市场建设，加快建立"优质优价"机制。

第一，在绒毛主产区大力推行机械剪毛（绒）、分级打包、公证检验等绒毛生产采集现代化管理技术，为建立"优质优价"机制奠定前期基础。

第二，鼓励对机械剪毛（绒）、分级整理技术掌握纯熟、管理规范的种羊场、龙头企业、专业合作社等与农牧户建立合作关系，在羊毛、羊绒的生产、回收方面提供技术服务和统一管理，实行"工牧直交"和净毛（绒）计价，推动产销对接。通过减免企业税费、提供绒毛收储贴息贷款等方式，调动绒毛加工企业在"工牧直交"方式中的主动性，并且坚持以质定价，充分体现等级价差，切实做到"优质优价"。

第三，加快建设布局合理、具有区域辐射性的绒毛交易市场，在羊毛、羊绒收获季节可以快速、大批量集散绒毛产品，减少绒毛流通的中间环节，解决农牧户销路狭窄、销售困难、销售压价等问题，也为加工企业到主产区收购羊毛、羊绒原料提供便利。

第四，建立市场信息公共服务平台，及时收集与发布羊毛、羊绒的供求、价格、质量等信息，为农牧户、家庭农场、合作社等生产主体提供信息服务，并加强对绒毛销售环节的监管，对销售过程中收购商贩刻意压级压价、提供虚假信息等问题进行严厉处罚，营造良好的销售环境，规范市场流通秩序。

（八）注重优质绒毛品牌培育，提升绒毛产品竞争力

目前，我国绒毛产业品牌建设尚处于不成熟、不规范、不系统的初级阶段，品牌意识淡薄，缺乏具有区域影响力的产品品牌。为此建议提高生产流通主体的商品经营意识，培育优质绒毛品牌，提升产品竞争力。

第一，强化各类绒毛生产经营主体的市场意识和品牌意识，引导各类生产经营主体做好品牌创建、商标注册、"三品一标"认证等工作，推进产品品牌化进程。统筹不同生产经营主体的综合利益和品牌价值观念，依托区域资源禀赋，打造具有区域影响力的绒毛产业区域品牌，推动特色优势产业发展，助力乡村振兴。同时加强绒毛产品生产过程监管，建立品牌评级体系，严格执行品牌进入及退出标准和程序，推广相关主体畜牧业标准化养殖生产技术，特别是无公害、绿色畜产品的养殖生产加工技术，提升品牌质量和品牌竞争力。

第二，加强绒毛产品品牌营销，提升产品品牌、企业品牌和区域品牌的知名度。积极推进绒毛产业与"互联网＋"融合发展，借助农展会、营销推介、各种电商平台活动开展产销对接与交流互动，拓展绒毛用羊相关产品销售门店及配送体系，提升绒毛用羊产业品牌影响力。

分报告一

2024年细毛羊产业
发展调研报告

国家绒毛用羊产业技术体系

产业经济研究团队　　　　赤峰细毛羊综合试验站

伊犁细毛羊综合试验站　　良种扩繁与生产技术研究团队

为了准确掌握 2024 年度我国细毛羊养殖形势，了解细毛羊产业发展现状，破解细毛羊产业发展的难题，国家绒毛用羊产业技术体系产业经济研究团队根据我国细毛羊分布情况，与赤峰细毛羊综合试验站、伊犁细毛羊综合试验站、良种扩繁与生产技术研究团队合作，开展了关于细毛羊养殖情况与产业发展的调研活动。本次调研地点包括赤峰细毛羊综合试验站的一个示范县（敖汉旗）、伊犁细毛羊综合试验站的一个示范县（新源县）、良种扩繁与生产技术岗位的一个示范点（新疆生产建设兵团第四师可克达拉市七十七团，简称七十七团）。调研采取农牧户问卷调查以及与调研地区畜牧管理部门相关负责人，种羊场、合作社和规模养殖场主要负责人，羊毛收购商贩等产业主体进行座谈等多种形式。在调研过程中我们得到了赤峰细毛羊综合试验站张占辉站长、梅海旺主任，伊犁细毛羊综合试验站马军德站长，良种扩繁与生产技术岗位专家万鹏程研究员，以及各调研地区农牧部门相关工作人员和养殖户的帮助和大力配合，获得了关于细毛羊生产的详细资料，了解了我国细毛羊产业发展的最新情况。

一、细毛羊养殖形势与产业发展现状

(一) 调研地区细毛羊养殖品种各具特色

新疆、内蒙古等地通过科研人员多年的艰辛努力,已经培育出既能适应当地气候环境又具备良好生产性能的细毛羊品种。各调研地区培育的主要细毛羊品种及其生产性能指标如表1所示。

表1 2024年各调研地区细毛羊品种及其产毛性能指标

调研地区	品种	细度 (支)	长度 (厘米)	净毛率 (%)	单产水平 (千克/只)
新源县	中国美利奴羊(新疆型)	66~70	9.3	64	4.8
	苏博美利奴羊	70~80	8.0~9.0	68	5.0
七十七团	中国美利奴羊(新疆型)	64~66	9.0	44	3.5~4.0
敖汉旗	敖汉细毛羊	66~70	8.5	49~50	6.0
	敖汉细毛羊(多胎型)	64~66	8.0	49~50	6.0

数据来源:各调研地区农牧部门统计资料和访谈记录,其中各项指标均为成年母羊所产细羊毛的质量指标。

新源县和七十七团养殖的主要品种是中国美利奴羊(新疆型)和苏博美利奴羊。中国美利奴羊(新疆型)细毛羊是以澳洲美利奴羊为父本,以新疆细毛羊、波尔华斯羊、波新杂交羊等为母本进行杂交培育而成,1985年通过国家经济贸易委员会验收并正式命名为"中国美利奴羊(新疆型)"。中国美利奴羊(新疆型)体型呈长方形,后躯肌肉丰满,胸宽深,背长,尾部平直而宽,四肢结实,公羊颈部有1~2个横皱褶。公羊有螺旋形角,母羊无角。该品种体质结实,适应放牧饲养,具有毛丛结构好、羊毛长而弯曲明显、油汗含量适中和净毛率高的特点。苏博美利奴羊是以澳洲美利奴超细型公羊为父本,以中国美利奴羊、新疆细毛羊和敖汉细毛羊为母本,采用核心群、育种群和改良群三级开放式联合育种方案,历经级进、横交和纯繁三个阶段系统选育而成的羊毛纤维直径以17.0~19.0微米为主的精纺用超细毛羊新品种,具有被毛品质好、羊毛细度高、体型良好和遗传性能稳定等品种特性。苏博美利奴羊公羊有螺旋形角，母羊无角；体质结实，结构匀称，体型呈长方形；公羊颈部有 2~3 个发达的横皱褶和纵皱褶，母羊颈部有发达的纵皱褶；被毛白色且呈毛丛结构，闭合性良好，密度大，毛丛弯曲明显，整齐均匀，油汗白色或乳白色。

敖汉旗养殖的细毛羊品种主要是敖汉毛肉兼用细毛羊和敖汉细毛羊（多胎型）。敖汉毛肉兼用细毛羊以当地蒙古羊为母本，以苏联美利奴羊为主要父本，经过杂交改良、横交和自交繁育培育而成，1982 年被正式命名为"敖汉毛肉兼用细毛羊"。为改善羊毛的综合品质，20 世纪 90 年代该品种通过全面导入澳洲美利奴羊血液，提高了生产性能。敖汉细毛羊以适应恶劣的风沙气候而著称，具有抓膘快、抗病力强、遗传性能稳定、繁殖力较高和适应性强等特点。敖汉细毛羊的羊毛长度及整齐度较好，细度均匀，体侧与股部的羊毛不超过一个支数级差，油汗乳白色或白色，羊毛呈明显的中弯曲。敖汉细毛羊（多胎型）以布鲁拉美利奴羊为父本，以敖汉细毛羊（繁殖成活率 150％以上）为母本，按性状组建基础群，采用级进杂交的方法，在杂交一代和杂交二代中选择理想型个体进行横交固定和纯繁选育。从 2016 年开始，敖汉种羊场协同多家科研单位开始敖汉细毛羊多胎品系的培育，从新疆紫泥泉种羊场引进 2 只多胎细毛种公羊、3 只种母羊和 100 枚多胎冻精，进行敖汉细毛羊杂交改良。该品系在繁殖率、产羔率、双羔率、受胎率等主要繁殖性能指标上均高于敖汉毛肉兼用细毛羊。在正常饲养条件下，该品系公母羊 8 月龄成熟，初配年龄 18 月龄，成年母羊繁殖率高达 165.96％，受胎率和产羔率均达到 100％，双羔率高达 59.57％。

（二）2024 年调研地区细毛羊养殖规模整体呈下降趋势

2024 年度调研地区细毛羊养殖规模整体呈下降趋势。2024 年底调研地区细毛羊存栏总量为 3.86 万只，比 2023 年底减少 0.38 万只，降幅为 8.96％。具体来看，新源县和七十七团 2024 年底细毛羊存栏量分别为 2.41 万只和 0.85 万只，较 2023 年分别减少 0.10 万只和 0.35 万只，降幅分别为 3.98％和 29.17％；敖汉旗 2024 年底细毛羊存栏量为 0.60 万只，较 2023 年增加 0.07 万只，增幅为 13.21％（表 2）。

表2　2023—2024年各调研地区细毛羊存栏量

调研地区	2023年（万只）	2024年（万只）	变化率（%）
新源县	2.51	2.41	−3.98
七十七团	1.20	0.85	−29.17
敖汉旗	0.53	0.60	13.21
合计	4.24	3.86	−8.96

数据来源：各调研地区农牧部门统计资料和访谈记录。

哈萨克羊冲击、活羊价格下跌是新源县细毛羊养殖规模下降的主要原因。首先，细毛羊需要精细化养殖。与细毛羊相比，哈萨克羊是新疆原始羊系之一，远牧和啃食能力强，适合全年放牧和少量补饲，饲养成本偏低且具有耐粗饲、环境适应能力强、抓膘力强、抗病性强等特点。在同等养殖条件下，哈萨克羊精饲料日饲喂量仅为细毛羊的1/3。因此，农牧户更倾向于养殖难度较低的哈萨克羊。其次，细毛羊活羊销售价格近年来持续下跌，2024年当地活羊市场价格已经跌至800元/只，较2023年的1 200元/只下降了33.33%。活羊价格下降打击了农牧户养殖积极性，导致细毛羊养殖规模下降。此外，管理成本偏高、饲草资源短缺、劳动力老龄化等因素进一步削弱了细毛羊养殖户的积极性，造成养殖规模缩减。

七十七团细毛羊养殖规模下降除受肉羊或哈萨克羊冲击之外，主要原因是草场资源短缺和品种改良缺乏抓手。调研数据显示，七十七团细毛羊养殖规模呈逐年递减趋势，从2020年的2.46万只下降到2024年的0.85万只，降幅为65.45%。一方面，七十七团位于中哈边境，因边境管理需要而设置的多道防护栏使该团天然可利用草场面积由原来的28.7万亩减少到16.1万亩，2023年该团畜牧饲草料缺口高达75%，饲草料成本的持续上涨致使农牧户的养羊积极性下降。另一方面，细毛羊品种改良缺乏抓手。七十七团种羊场作为国家级种羊场，是该地区细毛羊品种选育、供给和推广工作的重要抓手，但是从2017年团场综合配套改革之后，该种羊场划归昭苏县创锦公司管理，由于运营管理不善，已经不具备培育并向市场销售种畜的资质，导致七十七团细毛羊良繁及推广工作几乎陷入停滞状态，周边养殖户无法就近就地获得优质种畜资源和技术支持，进一步削弱了养殖户的养殖积极性，造成养殖规模下降。

敖汉旗细毛羊养殖规模稳中有升，主要得益于敖汉细毛羊（多胎型）的推广和政府扶持政策的支持。敖汉旗财政每年为细毛羊养殖提供 60 万元资金用于保种育种，赤峰市财政提供 30 万元资金用于建立细毛羊高繁体系，细毛羊养殖扶持资金和技术投入的增加保障了细毛羊养殖规模的稳定。因此，2024 年敖汉旗细毛羊养殖规模较 2023 年有所增长。

（三）2024 年调研地区细羊毛产量整体呈下降趋势

受细毛羊存栏数量变化的影响，2024 年调研地区的细羊毛产量总体呈下降趋势。2024 年调研地区细羊毛总产量为 113.27 吨，比 2023 年减少了 9.29 吨，降幅为 7.58%。具体来看，2024 年新源县、七十七团的细羊毛产量分别为 66.01 吨和 18.77 吨，较 2023 年分别减少了 8.91 吨和 3.70 吨，降幅分别为 11.89% 和 16.47%；2024 年敖汉旗的细羊毛产量为 28.49 吨，较 2023 年增加 3.32 吨，增幅为 13.19%（表 3）。

表 3   各调研地区近两年细羊毛产量变化情况

调研地区	2023 年（吨）	2024 年（吨）	变化率（%）
新源县	74.92	66.01	−11.89
七十七团	22.47	18.77	−16.47
敖汉旗	25.17	28.49	13.19
合计	122.56	113.27	−7.58

数据来源：各调研地区农牧部门统计资料和访谈记录。

（四）2024 年各调研地区细羊毛价格止跌回稳

2024 年各调研地区细羊毛销售价格止跌回稳。具体来看，新源县和七十七团的细羊毛平均价格分别为 30 元/千克和 13 元/千克，与 2023 年持平；2024 年敖汉旗的细羊毛平均价格为 20 元/千克，较 2023 年的 15 元/千克，同比上涨 33.33%（表 4）。

表 4　各调研地区近两年细羊毛平均价格变化情况

调研地区	2023 年（元/千克）	2024 年（元/千克）	变化率（%）
新源县	30	30	0.00
七十七团	13	13	0.00
敖汉旗	15	20	33.33

数据来源：各调研地区农牧部门统计资料和访谈记录。

2024 年调研地区细羊毛价格与 2023 年持平或有所回升，整体呈现止跌回稳趋势，是多种因素共同作用的结果。一是作为国内重要的纺织原料之一，羊毛的市场表现与国内经济发展、相关产业政策和市场需求息息相关。根据 2024 年的调研数据，在国内主要羊毛产区，细羊毛总产量降至 113.27 吨，相较于 2023 年减少了 9.29 吨，降幅达到了 7.58%。在当前经济增长放缓、整体需求趋于平稳的大环境下，供给的减少促使价格有所回升，并逐渐趋于稳定。二是国际消费市场回暖导致羊毛原料价格止跌回稳。UNCTAD 发布的《2024 年全球贸易和发展报告》预计 2025 年全球经济增速将维持在 2.7% 左右。尽管整体经济增长放缓，但国际消费市场却显现出回暖迹象，这对羊毛原料的价格走势产生了直接影响。具体来看，由于 2023 年基数较低以及部分海外市场的需求复苏，中国纺织品服装出口继续呈现增长态势。海关总署数据显示，2024 年前三季度，我国纺织品服装出口总额达到了 2 224.1 亿美元，同比增长 0.5%。其中，纺织纱线、织物及制成品的出口额为 1 043 亿美元，增幅达到 2.9%。受益于国际消费需求的回暖，羊毛原料价格止住了之前的下跌趋势，并趋于稳定。三是细毛羊主产区"工牧直交"和拍卖等羊毛销售方式发展迅速，提升了生产主体议价权。巩乃斯种羊场对本场细羊毛进行统一分级整理和规格打包，以拍卖方式销售给天宇羊毛工业有限公司，双方签订正式的销售合同，对羊毛的净毛率、细度、支数均有约定，拍卖价格高于周边地区贩子收购价格。七十七团的细羊毛主要是由创锦公司统一收购，以"工牧直交"方式销售给毛纺企业，创锦公司与毛纺企业签订正式的销售合同，对羊毛细度、支数均有约定。以上两种销售方式的交易双方合作关系较为稳定，同时提升了生产主体的议价权。因此，2024 年各调研地区细羊毛销售价格整体呈止跌回稳的趋势。

（五）细毛羊养殖条件和管理技术整体有所改善

各调研地区均位于草原牧区，受访的农牧户大多拥有一定面积的天然草场或饲草料地。随着国家对草原生态环境保护的重视程度不断提高和对草食畜牧业发展的财政投入与技术投入不断增加，农牧户的养殖条件得到改善，饲养管理和技术水平也逐步提高。

在养殖条件方面，大多数调研地区的农牧户在地方政府扶持下修建了专门用于细毛羊养殖的暖棚圈舍，并且通过购置、自制等途径配备有草料架、水槽、盐槽等基本饲喂设施，部分地区还修建了细毛羊养殖的标准化圈舍。调研资料显示，巩乃斯种羊场已建成4处细毛羊标准化规模养殖小区，标准化圈舍覆盖率达到100%，该场每年将圈舍有偿提供给牧民使用（农牧户棚圈使用费是3 000元/年）。七十七团利用边境团场的"兴边工程"项目资金修建畜禽棚圈，已建成并投入使用200多座棚圈，单体棚圈建设面积为110平方米，补贴标准为3万元/棚。敖汉旗使用京津风沙源项目、牛羊调出大县等项目资金建设标准化圈舍，棚圈建设面积为80～150平方米/户。

在饲草料生产加工方面，各调研地区的细毛羊饲草料以天然牧草及农牧户自产或购买的玉米、燕麦草、苜蓿、秸秆等为主，部分养殖户会对种公羊、怀孕母羊、产羔母羊、羔羊分别按不同标准补饲以满足其营养需求，且地方政府和农牧户均注重细毛羊养殖所需饲草料的种植。调研资料显示，巩乃斯种羊场有1家草业公司，开展饲草料种植和销售业务。农牧户一般分配50～80亩左右的饲草料地，种植玉米、苜蓿等饲草料。种羊场公有畜一般按照饲草料科学配比进行精准饲喂，农牧户掌握基本的饲草料种植和加工技术，但没有严格的饲喂比例和日粮配方。敖汉旗所有养殖户对饲草料制作及加工技术掌握较好，细毛羊养殖都是混合日粮（加工饲料）喂养。

在畜牧机械使用方面，部分调研地区农牧户拥有剪毛机、拖拉机等小型机械设备，中大型机械设备多为有偿的社会化服务，普通农牧户以租用中大型机械设备居多，部分养殖大户和规模养殖场拥有大中型饲料粉碎机、铡草机和揉丝机等设备。巩乃斯种羊场拥有饲草粉碎一体机、撒料机、送料机、耙草机、青贮收割机等大型机械，并为农牧户提供统一技术服务。七十七团和敖汉旗农牧户家中一般有铡草机、粉碎机、拖拉机等小型机械，养殖大户或规模场一般拥有撒料机、搅拌机、揉丝机、青贮收割机等中大型机械。

在养殖技术应用方面，调研地区之间略有差异。从舍饲管理技术看，由于调研地区多以"放牧＋补饲"的养殖方式为主，普通农牧户基本熟练掌握圈舍修建、舍饲管理、饲草料加工等实用养殖技术。从人工授精技术看，该技术在各调研地区推广应用时间较早，技术普及率普遍较高。具体来看，巩乃斯种羊场有5个配种站为辖区农牧户提供免费的人工授精技术服务，人工授精技术覆盖率为42％；敖汉旗主要通过敖汉旗良种繁育推广中心为周边区域农牧户提供品种改良服务，细毛羊人工授精占比高达95％。从"穿羊衣"技术看，敖汉旗所有细毛羊均"穿羊衣"，巩乃斯种羊场10％的细毛羊"穿羊衣"，受放牧环境、安全隐患和经济效益等因素影响，大多数农牧户使用该技术的积极性不高，"羊衣"均由各绒毛用羊试验站免费发放给部分农牧户使用。

在剪毛方面，各调研地区机械剪毛率较高，新源县、七十七团和敖汉旗养殖大户机械剪毛率高达100％，敖汉旗散户机械剪毛率占比70％，以专业剪毛队提供的有偿社会化服务为主，巩乃斯种羊场和七十七团均使用了分级整理和规格打包技术。新源县巩乃斯种羊场在机械剪毛分级整理方面设备齐全、技术成熟，每年成立临时剪毛队为签订了铁畜承包合同的农牧户提供有偿的剪毛、分级及打包等服务，剪毛费为10元/只。剪毛季节剪毛机、分级台、打包机一条龙运作，平均每天完成1 000～1 200只细毛羊的机械剪毛及分级整理工作。机械剪毛、分级整理技术的推广使签订铁畜承包合同的农牧户的剪毛效率、羊毛质量及销售价格普遍高于周边地区。七十七团创锦公司修建1座剪毛场，每年剪毛季统一为团场农牧户提供有偿机械剪毛服务，剪毛费为5元/只。敖汉旗的养殖大户100％由专业剪毛队提供机械剪毛服务，散户机械剪毛占比为70％、手工剪毛占比为30％。

（六）各调研地区细毛羊养殖效益存在一定差异

细毛羊养殖效益直接影响着养殖户的生产和生活，是细毛羊养殖的直接驱动因素。细毛羊养殖纯收益是指一个养殖周期（通常为一年）内养殖总收益减去养殖过程中投入的现金、实物、劳动力和土地等全部生产要素成本后的余额，反映细毛羊养殖过程中消耗的全部资源的净回报。调研资料显示，各调研地区细毛羊养殖效益存在一定差异，具体从养殖总收益、养殖总成本、养殖纯收益、成本利润率四个方面进行分析（表5）。

表5   2024年调研地区细毛羊养殖收益和成本情况

单位：元/只

项　目	样本总体	新源县	七十七团	敖汉旗
养殖收益合计	909.17	727.56	771.09	1 112.48
细羊毛产值	74.13	82.88	36.13	110.00
细羊毛产量（千克/只）	4.16	3.70	3.27	5.50
细羊毛价格（元/千克）	17.82	22.40	11.05	20.00
出栏羊销售收入	834.74	644.68	734.05	1 002.48
出栏羊平均活重（千克/只）	32.48	22.70	26.16	48.57
出栏羊平均价格（元/千克）	25.70	28.40	28.06	20.64
其他副产品产值	0.30	0.00	0.91	0.00
养殖成本合计	735.80	680.85	644.88	881.72
幼畜购进费（羔羊折价）	344.26	255.00	306.36	471.43
精饲料费	152.15	108.60	93.50	254.36
饲草费	84.94	96.14	110.60	48.09
饲盐费	2.05	1.68	2.33	2.15
医疗防疫费	5.50	6.43	6.27	3.81
雇工费	38.90	77.84	31.63	7.24
水电燃料费	5.69	5.09	9.40	2.58
死亡损失费分摊	26.31	22.22	40.62	16.08
草场租赁费	5.84	9.42	8.09	0.00
修理维护费	5.79	1.31	6.98	9.07
固定资产折旧	31.00	10.22	28.65	54.14
其他费用	33.37	86.90	0.45	12.77
养殖纯收益	173.37	46.71	126.21	230.76
成本利润率（%）	23.56	6.86	19.57	26.17

数据来源：根据2024年产业经济研究团队赴新疆和内蒙古地区细毛羊农牧户调查问卷和种羊场访谈整理计算得到。

从养殖总收益及其构成情况来看，农牧户细毛羊养殖总收益由细羊毛产值、出栏羊销售收入和其他副产品产值组成。2024年细毛羊养殖户平均养殖总收入为909.17元/只。其中，细羊毛产值为74.13元/只，仅占养殖总收益的8.15%；出栏羊销售收入为834.74元/只，占养殖总收益的比重高达91.81%，是细毛羊养殖收益的最重要组成部分；其他副产品产值为 0.30 元/只，占养殖总收益的 0.03%。由于各调研地区的养殖环境、养殖品种、养殖周期以及细羊毛和出栏羊销售途径等不尽相同，导致各地区细毛羊养殖总收益存在一定差异。其中，新源县、七十七团和敖汉旗农牧户细毛羊养殖平均总收益分别为 727.56 元/只、771.09 元/只和 1 112.48 元/只。敖汉旗细毛羊养殖平均总收入相对较高主要源于出栏羊收益较高，出栏羊平均活重为 48.57 千克/只，而新源县和七十七团出栏羊平均活重分别为 22.70 千克/只和 26.16 千克/只，较高的出栏活重使出栏羊销售收入增加，从而导致敖汉旗细毛羊养殖平均总收益明显高于其他地区。

从养殖总成本及其构成情况来看，细毛羊养殖户平均养殖总成本为 735.80 元/只，其中主要构成项目为幼畜购进费（羔羊折价）、精饲料费、饲草费和雇工费，四者占养殖总成本的比重高达 84.30%，而其他成本项目合计仅占 15.70%。新源县、七十七团和敖汉旗农牧户细毛羊养殖平均总成本分别为 680.85 元/只、644.88 元/只和 881.72 元/只。敖汉旗细毛羊养殖平均总成本明显高于其他地区细毛羊养殖平均总成本，其主要原因是幼畜购进费、精饲料费较高，机械设备相对较多导致固定资产折旧费用高于其他两县。

从养殖纯收益和成本利润率来看，细毛羊养殖户平均养殖纯收益为 173.37 元/只，养殖细毛羊的平均成本利润率为 23.56%。由于各地区在养殖总成本和总收益方面存在地区差异，导致养殖纯收益、成本利润率均存在一定差异，新源县、七十七团和敖汉旗的农牧户细毛羊养殖纯收益分别为 46.71 元/只、126.21 元/只和 230.76 元/只，成本利润率分别为 6.86%、19.57%和 26.17%。

（七）部分调研地区形成了较为成熟的产业组织模式

从调研情况看，各调研地区合作社数量相对较少且多数运作不规范，仅有部分调研地区形成了较为成熟的产业组织模式，不同养殖主体之间建立了紧密的利益联结机制，组织化程度较高。通过调研了解到，调研地区发展较为成熟的产业组织模式主要有"科研院所＋企业""企业＋基地＋合作社＋农牧户"和"合作社＋企业"三种模式。

新源县发展较为成熟的产业组织模式是"科研院所＋企业"协作模式。2024 年由新疆畜牧科学院畜牧业质量标准研究所、新疆巩乃斯种羊场、新疆拜城种羊场、新疆温泉呼和拖哈种畜场、新疆塔城种羊场、新疆巴州种畜场、兵团紫泥泉种羊场、七十七团、七十六团等9家单位联合创立新疆细毛羊产业创新联盟,该联盟将技术研发端、销售端、生产端三者进行优势资源整合。其中技术研发端为新疆畜牧科学院畜牧业质量标准研究所,具备技术开发、咨询和服务优势;销售端为新疆巩乃斯种羊场,具备标准化生产、管理和销售优势;生产端为新疆拜城种羊场等7家单位,具备资源优势。联盟各方协商细毛羊产业发展策略,促进国家绒毛用羊产业链紧密合作与高质量发展,目前拟在三方面开展合作:一是种质资源供给协作,制定育种目标、选育方案及技术操作规程,组织合作方开展原种公羊、鲜精、冻精、胚胎等优质种质资源供给,推进良种化建设;二是细羊毛统购统销协作,联合区内种畜场及周边养殖户开展毛绒标准化生产和统一销售,推行国产细羊毛"优质优价"和"工牧直交";三是羔羊育肥协作,联合组织各方开展细毛羊公羔统一育肥饲养管理,加大细毛羊肉宣传力度,打造统一细毛羊肉品牌,做大做强细毛羊羔羊肉品牌,发展高端市场。

七十七团发展较为成熟的产业组织模式为"企业+基地+合作社+农牧户"模式。该模式以创锦公司为主导,创锦公司有丰富的饲草资源、养殖设施和技术服务团队,目前拥有各类养殖棚圈57栋,圈舍总面积达65 500平方米,存栏优质细毛羊1 400余只,配套人工草场3.46万亩、天然打草场4.5万亩、天然放牧草场2.5万亩,饲草料地3.8万亩。创锦公司积极吸纳、整合、重组各团场畜牧养殖专业合作社,深化与团场畜牧养殖专业合作社的合作,加大对合作社的政策引导和技术扶持,按照收购1千克羊毛分0.2亩地的标准为农牧户分配人工草场,积极推进"企业+基地+合作社+农牧户"的产业链条的建立,进一步辐射带动团场畜牧业向质量效益型转变。

敖汉旗有1家细毛羊合作社,即敖汉旗昭阳养殖业农民专业合作社(简称昭阳合作社),成立于2018年。昭阳合作社由国家绒毛用羊产业技术体系内蒙古赤峰细毛羊综合试验站发起成立,具有规范的章程,能够有效运作,主要为社员提供统一配种及相应的技术培训和指导,对社员及周边农牧户有一定的带动作用。入社条件为有多胎细毛羊养殖意愿即可,无需上交入社费用。现有成员30户,带动配种、饲料供应、销售等环节就业人数达100人左右,按照1∶1的比例带动非合作社户约30户。敖汉旗细羊毛销售采取"合作社+企业"模式,昭阳合作社与克什克腾旗草原金峰畜牧有限公司签订种羊销售合同，以高出市场价 40％的价格收购社员的羔羊，当场现金交付，再指定社员按照统一规定饲养管理，合格后直接销售给金峰畜牧有限公司做种羊，带动社员增收。

（八）羊毛销售渠道仍以贩子收购为主，拍卖、"工牧直交"方式发展较为迅速

目前我国细毛羊养殖仍以家庭为主分散经营，贩子收购仍然是最主要的羊毛交易方式，但是部分地区拍卖、"工牧直交"等销售方式发展较为迅速。巩乃斯种羊场以拍卖方式销售细羊毛。该种羊场自 1974 年开始机械剪毛，1988年引入澳毛按支数分级技术，每年成立临时剪毛队为签订了铁畜承包合同的农牧户提供统一机械剪毛、分级整理、规格打包、统一使用"萨帕乐"商标、标准标记涂料打号等服务，以拍卖的方式销售给天宇羊毛工业（张家港保税区）有限公司，双方签订正式的销售合同，对羊毛的净毛率、细度、支数均有约定。2024 年，巩乃斯种羊场加入新疆细毛羊产业创新联盟后，联合温泉县种羊场、塔城种羊场等一起销售细羊毛。由于拍卖方式的细羊毛销售价格相对较高，农牧户更愿意采用该方式销售羊毛。

七十七团约 80％的细羊毛由创锦公司统一收购后以"工牧直交"方式销售，其余仍然为传统的贩子收购方式。创锦公司修建 1 座剪毛场，每年剪毛季统一为团场农牧户提供有偿机械剪毛服务，羊毛按标准分为细特、细二、改毛和疵点 4 个等级，统一销售给江苏的毛纺企业。创锦公司与毛纺企业签订正式的销售合同，对羊毛细度、支数均有约定，合作关系较为稳定。

敖汉旗的细羊毛全部为贩子收购，羊毛商贩一般采取上门收购或定点收购方式，羊毛收购价格由买卖双方协商确定，按照污毛计价，以一次性现金交易为主。交易方式没有合同，与养殖户协商定价，不分级整理，混等收购。

（九）各调研地区细毛羊产业扶持政策存在一定差异

各调研地区均位于我国草原牧区省份，对畜牧业都比较重视，均执行了国家制定的促进草原畜牧业发展的相关扶持政策，如包括禁牧补助、草畜平衡奖励等在内的草原生态保护补助奖励政策以及畜牧机械购置补贴政策、动物防疫补贴政策等，个别地区还针对细毛羊出台了棚圈建设补贴、青贮窖补贴、标准化规模养殖补贴等政策。但是就细毛羊产业而言，各地扶持力度存在一定

差异。

新源县细毛羊养殖目前100％集中在巩乃斯种羊场，细毛羊产业是巩乃斯种羊场的支柱产业之一，其在草原生态保护补助奖励、动物防疫、畜牧机械购置补贴等方面均有扶持政策。在草原生态保护补助奖励政策方面，巩乃斯种羊场主要享受水源涵养补贴和草畜平衡奖励政策，其中水源涵养补贴标准为50元/亩，草畜平衡奖励标准为2.5元/亩。在动物防疫补贴方面，巩乃斯种羊场从新源县兽医站免费获取疫苗，参照新源县的社会化服务收费标准为农牧户提供防疫服务。但目前新源县没有将巩乃斯种羊场的畜牧兽医人员纳入村级防疫员体系，防疫员不享受村级防疫员待遇。在畜牧机械购置补贴方面，农机具补贴比例为30％，如农牧户符合条件，可以额外享受单机补贴，补贴额度参照国家标准执行。在标准化规模养殖补贴方面，2017年及之前，新源县遵循"先建后补"的原则，对辖区内的国家级肉羊养殖场进行补贴，每个肉羊养殖场补贴金额为50万元。

七十七团也比较重视细毛羊产业的发展，在动物防疫补贴、畜牧机械购置补贴、草原生态保护补助奖励等方面均有扶持政策，近年来在动物防疫补贴方面投入较多。在动物防疫补贴方面，七十七团动物防疫工作资金来源于6万元动物防疫补助资金和师市财政拨付的39万元预算资金，主要用于购买防疫物资、提供社会化服务。此外，全团共有10名村级防疫员，按照"团不漏连队、连队不漏户，户不漏畜，畜不漏针，针不漏剂"的要求，对七十七团9个连队的养殖场和散养户的细毛羊开展疫苗注射和防疫服务。在草原生态保护补助奖励政策方面，七十七团按照禁牧补助7.5元/亩、草畜平衡奖励2.5元/亩的标准执行。在畜牧机械购置补贴方面，农机具补贴比例为30％，如农牧户符合条件，可以额外享受单机补贴，补贴额度参照国家标准执行。在棚圈建设补贴方面，七十七团建设养殖棚圈的资金主要来源于边境团场"兴边工程"项目。

敖汉旗一直以养羊业为主，养羊收入是当地农牧民重要收入来源。当地政府也较为重视细毛羊产业发展，在畜牧机械购置、动物防疫、草原生态保护补助奖励等方面均有相关的扶持政策。在畜牧机械购置补贴方面，农机具购置补贴实行定额补贴，中央财政按照农机具价格的30％进行补贴，针对大型畜牧机械内蒙古自治区财政再补贴20％，补贴范围主要包括饲草料加工机械、饲养机械和畜产品采集加工机械设备等。在动物防疫补贴政策方面，由敖汉旗财政负担，对口蹄疫、小反刍兽疫、布鲁氏菌病等强制免疫项目的疫苗及注射全部免费，羊痘、三联四防疫苗也全部免费。在草原生态保护补助奖励政策方面，敖汉旗禁牧任务为42.3万亩，涉及1个苏木（镇）6个嘎查（村）。在草原确权承包的基础上，具有草原承包经营权证或联户经营权证、从事草原畜牧业生产的牧民可享受禁牧补助，禁牧补助的补贴标准为每亩9.15元。由于敖汉旗属于农牧结合区，农区多，牧区少，因此无草畜平衡奖励。在棚圈建设补贴方面，2019年敖汉旗实施京津风沙源补贴，养殖棚圈补贴标准为150元/平方米，但2020年之后未继续实施该政策。在青贮窖补贴方面，2018年和2019年敖汉旗实行粮改饲补贴，种植青贮的补贴标准为60元/亩，铡一方青贮的补贴标准为40元/亩，但2020年之后未继续实施该政策。在种公羊良种补贴方面，该补贴仅针对小尾寒羊等肉羊，细毛羊目前没有享受。

二、细毛羊产业发展存在的问题

（一）农牧户养殖积极性下降，细毛羊养殖形势不容乐观

受国内外环境综合影响，细毛羊养殖形势不容乐观。从国际方面看，外部经济环境的复杂性、严峻性、不确定性上升；从国内方面看，受中国经济增速放缓、内循环不畅、市场有效需求不足、居民消费降级等因素影响，调研地区细羊毛价格连续多年低位徘徊，且同期活羊销售价格持续低迷。随着人工、饲草、土地等养殖成本逐年上升，细毛羊养殖利润空间被逐步压缩，农牧户养殖细毛羊积极性进一步下降，更倾向于养殖当地土种羊或用肉用种公羊进行经济性杂交改良，且养殖主体老龄化趋势加剧，进一步削弱了细毛羊产业发展韧性，导致调研地区细毛羊整体养殖态势不容乐观。

从调研访谈资料看，新源县和七十七团养殖规模均呈下降趋势。新源县细毛羊养殖规模下降主要是受哈萨克羊冲击、养殖成本上涨、活羊价格下跌的影响。调研数据显示，新源县养殖细毛羊的农牧户100%集中在巩乃斯种羊场，该县其他乡镇的农牧户受上述因素影响转产养殖哈萨克羊或其他肉羊品种，基本放弃了细毛羊养殖。巩乃斯种羊场因铁畜承包制的制度性约束，细毛羊公有畜多年来保持较为稳定养殖规模，但是巩乃斯种羊场农牧户铁畜承包管理费近年来持续上涨，2024年铁畜承包费为90元/只，饲草料地承包费为150~200元/亩，细毛羊养殖利润空间持续压缩，且农业用水资源短缺和分配不均问题长期存在，进一步抑制了细毛羊饲草料资源的持续稳定供应，加之农牧户自留

99

畜更倾向于养殖环境适应性强、饲养管理难度低、养殖成本较低的哈萨克羊，导致农牧户细毛羊自留畜数量下降。受比较效益、天然草场资源约束、人口老龄化等因素影响，七十七团细毛羊养殖规模呈显著下降趋势。一方面，细毛羊养殖受到肉羊和哈萨克羊冲击，部分农牧户用萨福克羊、杜泊羊、德克塞尔羊等品种与细毛羊基础母羊进行F1代经济杂交，经济杂交后代产肉率、生长速度均高于细毛羊，且在同等养殖条件下脂肪含量显著低于细毛羊，更受收购商贩和消费者青睐，因此农牧户更倾向于养殖经济效益较好的杂交羊。另一方面，因体制改革和边境围栏等原因，七十七团2.7万亩原归属各连队农牧户使用的人工改良草场收归创锦公司统一分配。2016年之后，七十七团边境区域天然可利用草场面积减少12.6万亩，占全团草场面积的43.90%，导致农牧户天然饲草资源匮乏，外购饲草比例显著提升，养殖积极性明显下降。2024年敖汉旗细毛羊养殖规模稳中有增主要得益于多胎型敖汉细毛羊的成功培育及推广，从较长的时间尺度来看，敖汉旗细毛羊养殖规模持续下降且95%集中在敖汉种羊场及其周边乡镇，该县其他乡镇的农牧户受比较效益的驱使，直接转产养殖肉羊经济杂交品种，基本放弃了细毛羊养殖。从总体来看，我国细毛羊主产区农牧户对细毛羊产业信心不足，养殖积极性下降，转产现象较为普遍，整体养殖形势不容乐观。

（二）"行政上移"的农技服务与农牧户技术需求不匹配，实用养殖技术普及率偏低

目前，细毛羊主产区的畜牧业技术服务表现出显著的"行政上移"特征，传统农牧户技术获取门槛较高，部分实用养殖技术普及率偏低，养殖管理方式较为落后。调研过程中发现，各级畜牧技术推广部门承担了大部分公益性和经营性农技推广工作，服务内容上侧重于"自上而下"的政策落实与项目实施，服务方式上多"外包"给农广校、农科院校或涉农公司，以短期培训、发放宣传资料等为主，围绕行政需求的单向输出式技术服务与农牧户技术诉求产生较大偏差。同时，各类畜牧技术服务组织将各类新型经营主体作为服务重心，与新型经营主体相比，传统农牧户在农资购买、技术获取、政策扶持、信息共享等方面处于天然劣势，陷于技术获取的边缘化困境，技术服务数量、质量均呈下滑趋势，技术获取门槛不断提升。此外，细毛羊主产区的乡村空心化、农户空巢化、农民老龄化趋势进一步加剧，受自身文化水平、语言交流障碍等因素制约，

农牧民以被动学习居多，实用技术认知度、获取满意度、采用意愿均较低。

受上述因素影响，细毛羊主产区饲养管理仍以全放牧或半舍饲为主，标准化、规模化程度较低，部分地区低水平规模饲养带来的环境污染、质量安全和疫病防控等问题日趋严重，导致细毛羊养殖管理方式较为落后，部分实用养殖技术掌握情况参差不齐，对饲草加工、"穿羊衣"、机械剪毛、分级打包、病死羊无害化处理等专业性技术的认知度和采用意愿均较低，只能满足细毛羊养殖的基本生产管理需求。具体来看，在饲草料喂养和使用方面，多数农牧户一般根据养殖经验确定各种饲草料的饲喂量、搭配比例和饲喂时间，放牧期间则完全依靠羊只自由采食，对青贮加工、青贮壕贮制和 TMR 日粮配方等饲草料科学使用技术知之甚少。在"穿羊衣"技术方面，受放牧环境、安全隐患和经济效益等因素影响，大多数农牧户使用该技术的积极性不高，"羊衣"均是各绒毛用羊试验站免费发放给部分农牧户使用。在剪毛方面，新源县、七十七团和敖汉旗养殖大户机械剪毛率高达 100%，敖汉旗散户机械剪毛率占比 70%，以专业剪毛队提供的有偿社会化服务为主；巩乃斯种羊场和七十七团均使用了分级整理和规格打包技术。在疫病防控方面，农牧户疫病防控意识增强，对于强制免疫和计划免疫药物，农牧户一般在兽医技术人员指导下完成；在日常防治环节，农牧户大多凭借自身经验判断羊只所患疫病类型，自行购买药物进行治疗。在羊舍清洁与消毒方面，农牧户仅在产羔和转场阶段对羊圈进行清理，以喷雾、撒石灰等方式进行简单消毒。在病死羊处理方面，农牧户一般采用焚烧、深埋等方式处理，只有少数规模养殖场、养殖小区及养殖规模较大的村落集中修建有无害化处理设施。

（三）资源环境约束增强推动成本上升，细毛羊养殖利润空间收窄

随着草原保护修复重大工程项目和政策深入实施，我国草原生态环境持续恶化势头得到明显遏制，但是部分区域畜牧业超载过牧、粗放经营、无序垦荒以及自然灾害频发等问题依然存在，并威胁国家生态安全、牧区畜牧业可持续发展和牧民增收。基于此，国家相继出台《国务院办公厅关于加强草原保护修复的若干意见》《"十四五"林业草原保护发展规划纲要》和《第三轮草原生态保护补助奖励政策实施指导意见》等规范性文件，推行基本草原保护制度、禁牧休牧、划区轮牧和草畜平衡保护措施，加快推进草原生态修复和草原资源的科学利用水平。新疆、内蒙古等草原牧区亦出台相应的实施方案，根据草原类

型和等级科学核算草原载畜量，推广舍饲养殖管理。细毛羊养殖的资源环境约束趋紧，农牧户天然饲草资源缺口持续扩大，同时设施投入大幅增加，养殖成本的快速上涨压缩了农牧户利润空间。

在调研地区中，地方政府一般都规定了载畜量、休牧期、禁牧区和草畜平衡区域等，草原站和草原监理所对辖区内草原进行日常巡查和监督检查，并对超载放牧、偷牧、盗牧等行为依法处罚。调研资料显示，新疆出台《新三轮草原生态保护补助奖励政策实施方案（2021—2025 年)》和《新疆维吾尔自治区草原禁牧和草畜平衡监督管理办法》等规范性文件，坚持"四到地州""五到户（项目单位）""封顶保底"等原则，引导农牧户合理配置载畜量，健全县、乡、村三级草原管护网络，对禁牧、休牧、轮牧、超载过牧等加大监督检查力度。新疆巩乃斯种羊场出台《新疆巩乃斯种羊场有限公司国有畜群管理办法（草案）》，制定草畜平衡管理方案并推行草畜平衡年检卡，设置卡点关口，清点牲畜数量，严控超载现象，鼓励农牧户将超载牲畜舍饲或流转承包转入周边乡镇草场。七十七团地处中哈边境，天然可利用草场面积为 28.7 万亩，因边境围栏导致 12.6 万亩草场无法放牧或打草，牧业连队职工放牧草场面积仅有 60～120 亩/人，受访农牧户均反馈目前细毛羊养殖最大的困难就是缺乏饲草资源。敖汉旗出台《敖汉旗草原生态保护补助奖励政策实施方案》，将草原生态保护补助奖励资金兑现与农牧户禁牧情况挂钩，第一次违反禁牧规定扣发当年 30％草原生态保护补助奖励资金，第二次扣发 60％资金，第三次扣发全部资金，扣发资金根据内蒙古自治区补奖资金的管理办法执行。上述措施的实施使细毛羊养殖面临的资源环境约束和管控日益增强，农牧户逐步向舍饲、半舍饲等养殖模式过渡，导致人工饲草料购置、舍饲棚圈及配套设施、雇工等成本费用显著增加，草原生态保护补助奖励难以缓解由此带来的成本上升压力。如 2023 年七十七团因天然草场干旱少雨，饲草料缺口高达 75％，从新源县、巩留县等地外调 18 千克标准捆的饲草料，市场销售价格高达 45～46 元/捆，平均单价约 2.5 元/千克，饲草供需不平衡、不充分矛盾突出。多数受访农牧户表示，饲草资源约束进一步推动养殖成本上升，是制约养殖意愿和养殖规模的主要瓶颈。

（四）良种补贴政策覆盖范围小，调研地区均未享受该政策

在细毛羊养殖过程中，种公羊、基础母羊的生产性能在很大程度上影响后代的生产性能，如羊毛产量、质量、产羔率等。因此，对优质种羊实施良种补贴政策，提高农牧户养殖细毛羊的良种化率，对于实现细毛羊产业的可持续发展具有非常重要的现实意义。我国从 2009 年起将绵羊纳入畜牧良种补贴范围，在全国 19 个省份对项目区内能繁母羊存栏 30 只以上的养殖户购买种公羊给予 800 元/只补贴。但是 2017 年国家对畜牧良种补贴政策进行了调整，在《关于做好 2017 年中央财政农业生产发展等项目实施工作的通知》中将畜禽良种推广纳入农业生产发展资金项目实施方案，在内蒙古、四川、云南、西藏、甘肃、青海、宁夏、新疆等 8 省份实施良种补贴政策，对项目区内能繁母羊存栏 30 只以上的养殖户进行适当补助，支持牧区畜牧良种推广。同时推行财政支农专项转移支付方式划拨资金，实行"大专项＋任务清单"管理方式，由省、市、县农业、财政部门因地制宜确定补助对象、标准和方式。根据《农业农村部财政部关于做好 2024 年粮油生产保障等项目实施工作的通知》（农计财发〔2024〕4 号）和《财政部关于下达 2024 年农业产业发展资金预算的通知》（财农〔2024〕16 号）等文件要求，2024 年依然按照上述政策划拨资金。

调研资料显示，调研地区在 2017 年及之前均享受国家畜牧良种补贴政策，2017 年之后中央财政补助资金按大专项整体切块下达到省，各县通过申报畜牧良种项目方式获批农业生产发展资金。各地区根据农业生产实际情况，在补贴标准、补贴畜种等方面均有所差异。从整体来看，虽然多数调研地区将细毛羊产业作为主导产业，但是由于良种补贴政策覆盖范围小，2024 年所有调研地区农牧户均未享受购买细毛羊种公羊按 800 元/只标准给予补贴的良种补贴政策，仅部分地区依托种羊场、扩繁站等为农牧户提供免费或有偿的品种改良服务。其中巩乃斯种羊场成立伊天骏牧业分公司，养殖优质种公畜 131 只，建设 5 个细毛羊配种站，为签订铁畜承包合同的农牧户免费提供统一配种和品种改良服务。2024 年巩乃斯种羊场通过新疆维吾尔自治区农业农村厅组织专家进行的书面审查和现场评审，获得冷冻精液生产经营许可，此后可向社会有偿提供高质量、高活力的优良种公羊精液，实现育、繁、推一体化发展。敖汉旗的种公羊补贴对象仅限于购买小尾寒羊、杜泊羊等肉羊品种的养殖主体，但是敖汉种羊场每年出台年度育种管理办法，对养殖户免费提供细毛羊种公羊。从总体来看，国家层面良种补贴政策覆盖范围小，调研地区均未享受该政策，部分地区通过提供种公畜、人工授精或冻精等技术服务提高细毛羊良种化率，但是对农牧户的激励与示范带动作用有限，可能导致优良地方品种的退化和生产性能下降。

（五）新型经营主体发育不足，缺乏竞争力

新型经营主体是提升细毛羊畜牧科技社会化服务质量的重要推动力量，有助于整合优势资源，提升生产技术效率和产业化经营水平。但是专业合作社、种养大户、规模场等新型经营主体发育不足，在畜牧技术服务供给质量、示范带动方面十分有限，无法与细毛羊产业链的生产、仓储、加工、物流、产销一体等环节有效对接，且对政府畜牧产业技术服务体系不能形成有效的补充或替代。目前存在的主要问题有三方面：一是运行效率偏低且运作不规范，"空壳社"占比较高，以提供技术培训、信息服务、生产资料供应、产品回收等初级服务内容为主，合作层次不高，存在产权不明晰、利益分配机制不健全、内部结构松散等问题。二是新型经营主体产业化程度不高，毛肉制品多处于初级加工阶段，存在产业链条短、深加工不足、产品附加值低等问题。三是新型经营主体缺乏必要的基础建设和运行经费，融资渠道狭窄，导致抵御市场风险能力较弱。

从调研情况看，大部分调研地区细毛羊新型经营主体数量少、规模小，市场竞争力弱，各类新型经营主体发育不足，示范带动作用十分有限。具体来看，巩乃斯种羊场没有细毛羊专业合作社，但是已开始探索畜牧科技市场化转型模式，伊天骏牧业分公司已经开始承接新源县辖区范围内的社会化防疫服务，巩乃斯种羊场在2024年与新疆拜城种羊场、新疆温泉呼和拖哈种畜场、新疆塔城种羊场、新疆巴州种畜场、兵团紫泥泉种羊场、七十七团、七十六团等单位联合创建新疆细毛羊产业创新联盟，拟在种质资源供给、细羊毛统购统销、羔羊育肥协作三方面开展协作。七十七团的合作社以养牛为主，没有细毛羊专业合作社，但是创锦公司每年为养殖户提供有偿的机械剪毛分级整理技术服务，以"工牧直交"分等级同价销售给毛纺企业，有助于推进细羊毛标准化生产和组织化销售。敖汉旗细毛羊养殖专业合作社只有1家，主要提供品种改良、销售、技术培训、采购原材料等常规服务。

（六）拍卖、"工牧直交"方式发展迅速，但"优毛优价"机制尚未全面建立

从调研情况看，细羊毛销售渠道仍以贩子收购为主，部分地区拍卖、"工

牧直交"方式发展迅速，但是"优毛优价"机制尚未全面建立。目前，新源县巩乃斯种羊场每年成立临时剪毛队，为签订了铁畜承包合同的农牧户提供有偿的机械剪毛分级整理技术服务，细羊毛主要分为80支、70支、66支、64支、细一和疵点毛等几个等级，采用拍卖方式销售细羊毛，与销售对象的合作关系较为稳定，分等级同价销售价格显著高于周边区域贩子收购方式。七十七团的细羊毛80％通过创锦公司以"工牧直交"方式销售，羊毛按标准分为细特、细二、改毛和疵点毛4个等级，统一销售给江苏的毛纺企业，但是该地区"优毛优价"机制尚未全面建立。创锦公司在2017年国有企业改革后拥有2.7万亩原属于各生产连队的人工改良草场，其按照收购1千克羊毛分0.2亩地的标准分配人工草场，多数农牧户因饲草料短缺而按照企业单方定价将羊毛销售给该公司，细羊毛销售价格比同期贩子收购价格还要低3～4元/千克。多数受访农牧户表示，收购价格偏低且没有议价权，未体现出"优毛优价"。敖汉旗的细羊毛100％通过贩子上门收购方式销售，羊毛未进行分级整理，采用污毛计价。在传统贩子收购的细羊毛销售方式中，农牧户缺乏分级销售意识，一般直接将细羊毛混等混级销售给收购商贩，交易价格主要由农牧户和贩子讨价还价后确定，农牧户议价定价能力往往较弱，容易使自身经济利益遭受损失，无法实现"优毛优价"。

（七）细毛羊产品品牌建设与宣传滞后，加工营销体系不完善

目前，细毛羊产业品牌建设尚处于不成熟、不规范、不系统的初级阶段，生产经营主体的品牌意识淡薄，缺乏具有区域影响力的产品品牌，加工营销体系不完善，无法形成"优质优价"和大宗畜产品销售格局。主要表现在以下三方面：一是细毛羊产业品牌意识比较淡薄，目前细毛羊养殖收益以农牧户散毛和活畜销售为主，"小富即安"的经营思维占据主导位置，部分新型经营主体也存在"重生产、轻品牌"倾向，打造细毛羊产品品牌任重道远。二是参与细毛羊产业品牌建设的经营主体不完善，既缺乏具有区域示范带动作用的细毛羊企业品牌和产品品牌，也没有对细毛羊品牌进行科学评定和认证的第三方权威机构，毛肉制品缺乏严格的生产流程和品质标准约束，在品牌质量溯源、品牌价值链延伸等方面存在显著短板与不足。三是基于区域资源禀赋，细毛羊主产区的毛肉制品品质优良，但是受产区分散、屠宰加工业滞后等因素影响，导致产品附加值低、市场流通不畅、冷链物流成本高、宣传营销不足等问题突出，

细毛羊品牌形象塑造及宣传推广模式较为单一，市场知名度、美誉度显著偏低。如巩乃斯种羊场的细羊毛品牌管理比较松散，每年新疆畜牧科学院都免费给种羊场提供喷印"萨帕乐"标识的毛包，但是新疆的细羊毛均使用"萨帕乐"品牌名称，其知名度和品牌效应均不显著。

三、促进细毛羊产业发展的政策建议

（一）完善细毛羊产业政策扶持体系，健全政策落实长效机制

虽然多数调研地区除了执行现有国家相关扶持政策外，在品种改良、棚圈建设、金融保险等方面也出台了相应的扶持政策和发展规划，但是现阶段的扶持政策缺乏系统性与稳定性。建议进一步完善细毛羊产业政策扶持体系，健全政策落实长效机制。一方面，建议从现有的生态资源情况、产业发展现状及前景出发，重点在养殖、生产、流通和外贸等环节构建完善的细毛羊产业政策扶持体系，明确各地区细毛羊主导品种的区域布局和发展方向，增强政策的可操作性。如在养殖环节，加强对细毛羊优良品种的选育和扩繁，促进农牧户使用优良品种和采用先进的养殖方式；在生产环节，推广"穿羊衣"、机械剪毛、分级整理、规格打包等细羊毛生产现代化管理技术；在流通环节，在细毛羊主产区建立区域性羊毛交易市场，完善多元主体合作机制，为农牧户和毛纺加工企业建立沟通渠道，形成"优毛优价"的销售机制；在外贸环节，推进羊毛制品的出口促进措施，建立羊毛预警信息机制等。另一方面，构建自上而下的政策绩效考评体系，健全细毛羊产业政策长效机制。在严格落实各项政策的基础上，将各类政策资金的兑付与政策落实效果挂钩，与相关政府工作人员履职效果挂钩，用有效的考核机制充分发挥财政资金的使用效果，从而加强相关扶持政策对细毛羊产业的正面促进作用。

（二）探索细毛羊品种改良多元主体协作模式，提升农牧户养殖经济效益

细毛羊产业的品种改良重点围绕新品种（品系）培育技术、经济性杂交改良技术和高效扩繁配套技术三个方面探索融合机制与模式，参与主体逐步从政府主导向多元主体协同过渡，建议探索政府、科研机构、企业等主体高效协作、优势互补的合作模式与机制，如"政府＋科研院所＋企业"协作模式、

"政府＋企业"协作模式和"科研院所＋企业"协作模式等，最终提升农牧户养殖经济效益。其中政府以行政方式整合社会资源，提供政策扶持与引导、公共信息发布、培训教育、安全检测等服务；科研机构依托科研项目，提供技术研发、项目示范、信息咨询和技术培训等服务；企业基于利益驱动与农牧户建立"双赢"利益联结机制，提供实用技术推广服务。在细毛羊新品种（品系）培育方面探索"政府＋科研院所＋企业"协作模式，一般由科研院所牵头，依托项目资金或政府、企业配套等资金，借助原种场、种羊场、扩繁场（站）等细毛羊良种培育和推广机构进行肉毛兼用、多胎、双向高产等细毛羊新品种（品系）培育，侧重研究和示范，经推广亦能产生较大的经济效益。在经济性杂交改良技术方面探索"科研院所＋企业""科研院所＋企业＋农户"等协作模式，加强技术研发端（科研院所）、销售端（原种场、种羊场等）、生产端（规模养殖场、养殖小区、农牧户等）三者之间优势资源整合与横向合作，通过构建沟通、分工与协作机制，开展技术转让、技术开发、技术服务等多方位合作。在高效扩繁配套技术推广方面探索"政府＋企业""政府＋企业＋农户"等协作模式，一般由涉农企业主导，在企业取得经济利益的前提下，优化农牧户土地、资本、劳动力等资源配置，构建企业与农户双向共赢的利益联结机制，侧重选育选配技术、人工授精技术、同期发情技术、胚胎移植技术等实用技术推广，既能提升我国细毛羊品种的良种扩繁和推广速度，也能提升农牧户细毛羊养殖经济效益。

（三）创新畜牧业社会化服务组织运行模式，打通农技成果转化"最后一公里"

首先，创新畜牧业社会化服务组织运行模式，成立新型畜牧技术服务组织。如成立畜牧兽医社会化服务组织，政府与企业通过订购、委托、招投标等方式建立合作关系。一方面，政府以购买服务的形式，将疫病防控、品种改良等工作交给具备相应资质的畜牧兽医社会化服务组织（如规模场、合作社等），政府根据免疫质量监测指标衡量免疫成效，评价服务组织水平并兑付防疫报酬；另一方面，服务组织将防疫员、配种员等基层畜牧从业人员吸纳进来，按照企业运行方式与农牧户建立契约，提供菜单式、全托式或管家式服务，该模式有助于提高基层畜牧技术人员工资报酬，在降低基层技术队伍流动性的同时提高技术服务效率。其次，创新农业技术推广模式，打通农技成果转化"最后一公里"。细毛羊产业生产端的信息孤岛现象普遍存在，养殖主体无法获得有效、权威且及时的信息，导致交流不畅、交易不公平等问题。探索构建数字化农业综合服务平台，借助平台打破传统企业组织边界，向农户传递市场信息、技术推广和解决方案，以此打通"自下而上"的农技需求服务通道。最后，提升农牧户实用养殖技术采纳意愿和普及率，特别是高效繁殖、科学饲养、饲料配比、防疫检疫、无害化处理、机械剪毛等方面，根据农牧户的理解和认知情况创新技术培训方式方法，对组织和参与主体给予适当激励，提高农牧户技术培训积极性和主动参与意愿。

（四）加强饲草料供应体系建设，积极推动细毛羊产业生产方式转型升级

调研显示，我国细毛羊产业仍然是以天然草原放牧为主的畜牧业发展模式，农牧民过度依赖自然资源。近年来新疆、内蒙古等细毛羊主产区干旱、雪灾等极端天气愈加频繁，饲草资源短缺、储备不足、跨区域调运困难等问题严重影响了农牧民生产经营活动。因此，建议加强饲草料供应体系建设，助力天然草原保护利用与传统畜牧业生产方式的转型升级，改善以天然草场放牧为主的传统发展模式。一是继续落实禁牧、休牧、划区轮牧和草畜平衡等草原生态保护措施，加强可利用草场资源的管护，恢复天然草原植被，提高草原生产力和载畜量。通过草场确权和经营权流转，优化天然草场和打草场资源配置，提高四季牧场利用率，在实现适度规模养殖的同时，解放并转移富余劳动力，实现增收。二是进一步优化细毛羊主产区"粮、经、饲"三元结构，依托粮改饲试点、草牧业发展试验试点、高产优质苜蓿示范建设项目等，推进高产优质饲草料基地建设，以标准化牧草生产提高牧草质量，优化饲草品种种植结构，在丰产栽培、病害防治、节水灌溉、采收加工等环节为农牧户提供技术培训及配套服务，增加饲草供给能力。三是完善饲草料加工利用设施，推行青贮制作、饲料精准配置、高效低蛋白日粮配置等技术，鼓励企业及专业合作社发展草产品精深加工，侧重预混合饲料、青贮饲料、人工牧草和天然饲草的加工，推进饲草料专业化生产，提高饲草料利用率。四是构建饲草料储运体系，促进饲草料商品化交易流通，在有条件的地方建立饲草料储备库和交易市场，加强饲草料加工、流通、配送体系建设。

（五）加强细毛羊产业新型经营主体培育和扶持力度，提升市场竞争力

建议从组织形式、管理机制、扶持政策和经营模式四方面培育细毛羊产业新型经营主体，提升市场竞争力。一是鼓励细毛羊新型经营主体成员参与经营，通过合作制、股份合作制、股份制等组织形式，以带地入社参股和技术干股等进行融资，壮大新型经营主体实力。二是完善细毛羊养殖专业合作社等新型经营主体管理机制，提升组织化程度。各级地方政府在培育新型经营主体过程中给予必要的指导，帮助其建立会计制度、民主管理制度、利益分配制度、小农利益保护机制等，逐步形成完善的运行机制。三是加大对合作社、龙头企业等新型经营主体的政策扶持力度。给予新型经营主体政策优惠倾斜，特别是在土地流转、产业化创新经营机制、财政税收、金融信贷、补助奖励、项目资助等方面提供多方位的帮扶政策和资金支持，同时加强对带头人和骨干成员的培训力度，提升其专业技能和综合素质。四是完善细毛羊产业新型经营主体经营模式，鼓励细毛羊养殖、生产、加工、销售等不同环节的经营主体开展多元合作，打造统筹配套、功能互补、联系紧密的产业联合体，建立灵活畅通的信息沟通交流机制，在配种、防疫、养殖、产品收获及销售等方面搭建稳定的利益联结机制，引导农户上游向良种繁育、集中育肥延伸，下游向精深加工、品牌拓展延伸，推进不同经营主体的深度融合。

（六）完善细羊毛生产、流通质量控制体系，逐步建立"优毛优价"机制

一是完善细羊毛生产、流通质量控制体系，在细毛羊主产区大力推行"穿羊衣"、机械剪毛、分级打包、公证检验等细羊毛生产采集现代化管理技术，为建立细羊毛"优质优价"机制奠定前期基础。二是拓展细羊毛销售渠道，鼓励对机械剪毛、分级整理技术掌握纯熟、管理规范的种羊场、国营牧场、大型养殖企业、专业合作社等养殖主体与农牧户建立合作关系，重点在羊毛生产、回收方面提供技术服务和统一管理，实行"工牧直交"、拍卖等销售方式，打通细毛羊主产区与毛纺加工企业的流通渠道，推动产销对接。三是有条件的细毛羊主产区可以考虑建设具有区域辐射性的羊毛交易市场，同时在区域范围内推行公证检验制度，农牧户基于公证检验结果对羊毛进行分选、分级和打包，并在交易平台竞价销售，毛纺企业将检验数据作为与农牧民交易的结算依据，

从而减少羊毛流通的中间环节，实现"优毛优价"。

（七）强化品牌培育，以加工营销体系建设带动价值链提升

一是强化细毛羊产业品牌意识的培养，采用"走出去""请进来"等办法，通过专题培训、学习考察、交流合作等多种方式，提升细毛羊生产加工企业的品牌意识，引导企业做好品牌创建、商标注册、"三品一标"认证等工作，推进细毛羊产品品牌化进程。二是统筹不同生产主体的综合利益和品牌价值观念，依托区域资源禀赋，打造具有区域影响力的细毛羊产业品牌，推动特色优势产业发展，助力乡村振兴。同时加强细毛羊产品生产过程监管，建立品牌评级体系，严格执行品牌进入及退出标准和程序，推广细毛羊相关主体畜牧业标准化养殖生产技术，提升品牌质量和品牌竞争力。三是完善加工流通体系，延伸产业价值链。开发以绿色原料为主的冷鲜分割包装产品及熟制产品，提高产品附加值，完善冷链物流配送系统，拓宽销售渠道。通过共享牧场、智慧牧场、物联网示范应用等方式增强细毛羊产业生产、加工、配送、销售等环节的信息互通，借助农展会、营销推介、电商平台等活动开展产销对接，线下完善活畜交易市场、有机屠宰、销售门店及配送体系，提升细毛羊产业品牌影响力。

分 报 告 二

2024年地毯毛羊产业
发展调研报告

国家绒毛用羊产业技术体系

产业经济研究团队　海北综合试验站

地毯毛羊产业是我国绒毛用羊产业体系的重要组成部分，我国的地毯毛羊主要分布在青藏高原，青海是主要产区。为了从产业经济的角度对当前我国地毯毛羊产业的发展情况进行研究，国家绒毛用羊产业技术体系产业经济研究团队与青海海北综合试验站合作，于2024年7月下旬赴青海的海晏县、刚察县进行了实地调查。调研采取养殖户问卷调查以及与调研县农牧部门相关负责人、种羊场场长、合作社和规模养殖场负责人、羊毛收购商贩座谈等多种形式，旨在全面了解2024年我国地毯毛羊的养殖情况和产业发展情况。在调研过程中，我们得到了海北综合试验站马世科站长及团队成员的亲自陪同和大力支持，在被调研县农牧部门相关负责人、地方干部及养殖户的热情帮助和积极参与下，调研工作得以开展并顺利完成。

本报告基于此次调研，重点分析2024年我国地毯毛羊的养殖形势和产业发展现状及存在问题，并提出促进地毯毛羊产业发展的政策建议。

一、2024年地毯毛羊养殖形势与产业发展现状

(一) 地毯毛羊品种生产性能良好，核心群良种化程度高

地毯毛羊是青海农牧户的主要养殖品种，依其生态环境，结合生产、经济特点，可分为高原型、山谷型和欧拉型三类。调研县的地毯毛羊主要为高原型，下文中把调研县高原型地毯毛羊统一简称为地毯毛羊。

调研县地毯毛羊每年6—7月剪毛一次，30月龄（含）以上的公羊、母羊年平均剪毛量分别约为1.5千克和1.0千克，18月龄（含）左右的公羊、母羊年平均剪毛量在1.0千克左右；地毯毛羊体躯被毛以白色为主，羊毛平均细度在29.74微米，洗净率78.39%，体侧毛辫长度22.37厘米，底绒长度9.27厘米。

地毯毛羊是海北州畜牧业的优良种畜之一，是当地培育优势产业的重要基础。2015年9月，海北州出台了《海北藏族自治州高原型藏羊保护条例》①，通过立法加强对地毯毛羊品种资源的保护，科学合理地对地毯毛羊品种进行开发利用。调研县作为海北州地毯毛羊的主产区，纷纷加强优良品种保护和选育推广体系建设，提高当地地毯毛羊良种化程度和生产性能。如刚察县依托优良的天然草场资源和种畜资源优势，围绕提升地毯毛羊种质资源保护和利用，实施品牌强牧工程，建立良种选育基地，加大优良品种选育推广力度，逐步构建"县有选育中心、乡有选育基地、村有选育核心群"的良种繁育体系②。同时，深化同科研院校的合作交流，开展多胎型地毯毛羊新品系培育，加强绿色有机农畜产品认证，"刚察青海湖藏羊"被列入全国"一县一特色"中国品牌目录。截至2024年，刚察县已建成地毯毛羊繁育基地1个、良种繁育场1个、地毯毛羊良种繁育场组建核心群110户，能繁母羊达到22 000只，一级以上成年种公羊1 000只，核心群良种化率达到100%，全县良种化率达80%左右。海

---

① 关于制定《海北藏族自治州高原型藏羊保护条例》的说明（https://qhrd.gov.cn/qhsrd/zyfb/cwhgb_4710/lncwhgb/2015n_4719/201512/t20151216_52923.html）。《海北藏族自治州高原型藏羊保护条例》（https://www.qhrd.gov.cn/qhsrd/qhsdfxfg_0/zztldxtl/201811/t20181127_124138.html）。

② 刚察藏羊（https://szb.farmer.com.cn/2020/20200822/20200822_004/20200822_004_12.htm）。

晏县近年来实施了畜牧良种工程，有效提高当地地毯毛羊品质，截至 2024 年 7 月，已经在甘子河乡、哈勒景乡、青海湖乡建成 5 个环湖地毯毛羊繁育基地，组建核心群 284 个 6.5 万只，其中一二级以上高原型藏羊生产母羊 4 万只，基地能繁母羊占比超过 60％，年可繁活优质地毯毛羊近 3 万只。在核心群和村集体合作社（养殖场）积极探索"户繁场育"模式，羔羊出生率提高 10％以上[①]，建成了"县有繁育基地、乡有核心群、村有示范户"的良种繁育体系。海晏县年可提供优质种公羔 5 100 只，优质母羔 7 650 只，核心群良种覆盖率100％，全县良种覆盖率达到70％以上[②]。

（二）调研县地毯毛羊存栏量较 2023 年略增

2024 年各调研县地毯毛羊合计存栏量为 146.75 万只，较 2023 年的 140.95 万只小幅增加了 4.11％（表1）。具体来看，两个调研县的地毯毛羊存栏量变化方向略有不同，刚察县存栏量保持稳定，海晏县存栏量小幅增加。

表1　各调研县近年地毯毛羊存栏和地毯毛产量变化情况

调研县	地毯毛羊存栏量			地毯毛产量		
	2023 年底（万只）	2024 年底（万只）	增减（％）	2023 年（吨）	2024 年（吨）	增减（％）
刚察县	75.75	75.75	0.00	244.00	245.00	0.41
海晏县	65.20	71.00	8.90	260.80	303.78	16.48
合计	140.95	146.75	4.11	504.80	548.78	8.71

数据来源：各调研地区农牧部门统计资料和访谈记录。
注：2024 年数据为 2024 年 7 月调研时的预计。

刚察县 2024 年底地毯毛羊存栏量为 75.75 万只，与 2023 年底水平持平，养殖规模保持稳定。一方面，近年来当地羊肉价格明显下降，零售价格已从 2020 年的 48 元/千克降至 2024 年 7 月的 40 元/千克，活羊收购价格也持续下跌。再加上地毯毛价格持续低位，养殖户地毯毛羊养殖效益不佳。养殖大户在

---

① 海晏：全力推动绿色有机农畜产品输出地先行样板县建设（http://www.haibeinews.com/system/2023/07/17/030056138.shtml）。
② 海晏县："五指齐弹"奏响畜牧业高质量发展"牧羊曲"（https://www.haibei.gov.cn/zwgk/hbxx/dqdt/8765271.html）。

草场租赁和饲草料方面的成本支出增加，可能存在养殖亏损，普通养殖户在不考虑自身劳动力投入的情况下，可勉强覆盖养殖成本。所以，只考虑市场行情下，养殖户不存在主动扩大地毯毛羊养殖规模的积极性，同时由于出栏渠道少、低价出栏意愿弱，带来了被动存栏增加的倾向。另一方面，面对当前养殖户的出栏和增收困境，刚察县把加大牛羊出栏作为一项重要工作，成立了牛羊出栏工作专班，将出栏任务纳入年度考核指标，逐级压实乡（镇）、村、户（场）责任落实，合力推动出栏。不仅出台涉农企业、经营组织和农牧户贷款贴息，以及冷链仓储补助、税收减免、出栏奖励等多项优惠政策，扩大本地经营主体的牛羊收购量和政府收储量，加强农畜产品推介，积极外拓市场销路，拓宽出栏渠道，而且广泛宣传牛羊出栏、禁牧减畜等政策措施，引导农牧户转变观念，克服惜售思想，加快出栏进度，优化畜群结构，减轻冬春草场压力，降低饲喂成本。所以，在地方政府的有力组织和强力扶持下，刚察县能够引导农牧户抢抓出栏"黄金期"，完成2024年地毯毛羊的出栏任务，养殖规模维持稳定。

海晏县2024年底地毯毛羊存栏量为71.00万只，较2023年底的65.20万只增加了8.90%。该县地毯毛羊存栏量同比增加主要出于以下几方面原因。第一，地毯毛羊产业是海晏县的支柱产业和民生产业，海晏县坚持产业发展良种先行，大力实施地毯毛羊"良种工程"，自2021年开始在全县建成5个环湖藏羊繁育基地，组建藏羊核心群284个，繁活率达到95%，羔羊初生率提高10%以上，个体性能明显优化。2024年，海晏县考虑进一步优化核心群建设。地毯毛羊核心群的建设及生产性能提升为海晏县存栏量增加打下了坚实的良种基础。第二，2022年3月以来，海晏县以打造青海"绿色有机农畜产品输出地先行区样板县"为目标，按照"环湖最优、全省唯一"定位，引进社会投资，计划投资1.25亿元建设年出栏10万只藏羊标准化养殖基地，通过一年打基础、两年见成效、五年成体系路径，大力发展以培育环湖高原型藏羊为主的畜牧业。基地已建成31栋羊舍、2栋草料棚、4座青贮池，并配备有各类机械设备。2024年4月份开始陆续从全县284群地毯毛羊核心群中筛选了1.2万只藏羊羔羊到基地进行托管养殖①，当前存栏2万多只地毯毛羊。受益于藏羊

① 助推企业发展　点燃县域"强引擎"（http：//www.qinghai.gov.cn/zwgk/system/2024/07/31/030050196.shtml）。

标准化养殖基地的不断建设、提质升级和模式创新，基地地毯毛羊存栏将得到较大发展，带来全县存栏规模有所提升。第三，近年来当地羊肉价格明显下降，零售价格已从 2020 年的 62 元/千克降至 2024 年 7 月的 50 元/千克。养殖户预期 2024 年活羊收购价格也将继续下跌，一些养殖户存在惜售心理，可能造成压栏。海晏县 2023 年出台《海晏县促进牛羊出栏奖励办法（试行)》，安排 250 万元财政资金对全县农牧户牛羊出栏进行奖励，充分调动养殖户出栏积极性。2024 年 8 月海晏县又出台了《2024 年海晏县促进牛羊出栏奖补办法》。因此，养殖户惜售压栏会带来存栏规模的一定增加，但程度不会太大。

（三）调研县地毯毛产量较 2023 年有所增加

受地毯毛羊存栏数量变化和生产性能提升的影响，2024 年度调研县的地毯毛产量也有所增加，从 2023 年的 504.80 吨增加到 2024 年的 548.78 吨，增幅为 8.71%。具体来看，刚察县的地毯毛产量略有增长，从 2023 年的 244.00 吨增至 2024 年的 245.00 吨，同比微增 0.41%；海晏县的地毯毛产量大幅增长，从 2023 年的 260.80 吨增至 2024 年的 303.78 吨，同比增加 16.48%。海晏县地毯毛产量增幅明显，除受益于存栏规模提升外，还受益于当地实施地毯毛羊"良种工程"，核心群规模较大，生产性能提升。

（四）调研县地毯毛销售价格较 2023 年有所回升

2024 年调研县的地毯毛销售价格与 2023 年同期相比均有所回升。具体来看，刚察县和海晏县 2024 年地毯毛平均销售价格均为 5.0 元/千克，前者较 2023 年的 4.0 元/千克上涨了 25.00%，后者较 2023 年的 3.5 元/千克上涨了 42.86%。尽管两县地毯毛销售价格均有所回升，但仍处于历史低位，仅为 2010 年价格的 50%（表 2）。

表 2　各调研县地毯毛销售价格

调研县	2023 年（元/千克）	2024 年（元/千克）	增减变动（%）
刚察县	4.0	5.0	25.00
海晏县	3.5	5.0	42.86

数据来源：各调研地区农牧部门统计资料和访谈记录。

地毯毛在工业上主要用于生产地（藏）毯、挂毯等纺织物，由于化学纤维和进口羊毛的强替代性，造成市场对地毯毛的需求减少，收购价格高位下跌。近年来，市场需求持续不振，地毯毛销售价格一直低位徘徊（3.5～5.0元/千克）。2024年调研县地毯毛销售价格略有回升，主要源于下游地毯毛加工企业的原料库存基本消耗完毕，再加上加工订单有所恢复，对地毯毛原料的收购需求较2023年略有增加，带动了收购价格的回升。

（五）调研县地毯毛羊养殖效益略有差异，羊毛收益占比极低

地毯毛羊养殖效益直接影响着养殖户的生产和生活，是地毯毛羊养殖积极性的直接驱动因素。地毯毛羊养殖纯收益是指一个养殖周期内养殖总收益减去养殖过程中投入的现金、实物、劳动力和土地等全部生产要素成本后的余额，反映养殖过程中消耗的全部资源的净回报。调研资料显示，调研县地毯毛羊养殖效益存在一定差异（表3）。

表3　2024年调研县地毯毛羊养殖收益成本情况

单位：元/只

项　目	样本总体	刚察县	海晏县
养殖收益合计	628.08	702.12	557.31
地毯毛产值	2.92	2.82	3.00
地毯毛产量（千克/只）	0.61	0.64	0.58
地毯毛价格（元/千克）	4.79	4.40	5.18
出栏羊销售收入	625.16	699.30	554.31
出栏羊平均活重（千克/只）	29.35	31.70	27.00
出栏羊平均价格（元/千克）	21.30	22.06	20.53
其他副产品产值	0.00	0.00	0.00
养殖成本合计	452.67	469.39	435.92
幼畜购进费（羔羊折价）	256.75	256.00	257.50
精饲料费	72.31	86.21	58.41
饲草费	28.10	33.85	22.35
饲盐费	0.25	0.50	0.00
医疗防疫费	1.12	0.99	1.25
雇工费	8.51	17.02	0.00
水电燃料费	1.19	2.00	0.38
死亡损失费分摊	15.96	13.46	18.45

（续）

项　目	样本总体	刚察县	海晏县
草场租赁费	45.90	35.50	56.29
修理维护费	1.60	1.85	1.35
固定资产折旧	12.89	12.14	13.63
其他费用	8.09	9.87	6.31
养殖纯收益	175.41	232.73	121.39
成本利润率（％）	38.75	49.58	27.85

数据来源：根据2024年产业经济研究团队青海地区地毯毛羊农牧户调查问卷整理计算得到。

注：此处是以出栏口径计算地毯毛羊养殖的成本收益，即计算一只地毯毛羊从出生至出栏整个时期的平均成本收益情况。

从养殖收益来看，2024年调研县地毯毛羊的平均养殖收益为628.08元/只，其中地毯毛产值和出栏羊销售收入分别为2.92元/只和625.16元/只，分别占养殖收益的0.47％和99.53％。由此可见，羊毛产值在地毯毛羊养殖收益中占比极低，出栏羊销售收入在养殖收益中占绝对主导地位。由于各调研县养殖饲料投入、养殖周期以及出栏羊销售途径等不尽相同，各县地毯毛羊养殖收益略有差异。刚察县平均养殖收益较高，为702.12元/只；海晏县平均养殖收益为557.31元/只。刚察县养殖收益较高主要源于出栏活重和出栏价格相对较高。

从养殖成本来看，在不考虑家庭用工成本时，2024年调研县地毯毛羊的平均养殖成本为452.67元/只，其中，幼畜购进费（羔羊折价）、精饲料费、草场租赁费、饲草费是最主要的构成项，合计占养殖成本的比重高达89.04％，饲草料成本压力突出。分地区来看，刚察县和海晏县的地毯毛羊养殖成本差异不大，海晏县的养殖成本为435.92元/只，刚察县的养殖成本为469.39元/只。刚察县养殖成本略高，主要源于精饲料投入较多带来的精饲料费高，以及雇用专人进行养殖管理造成的雇工费较高。

从养殖纯收益和成本利润率来看，2024年调研县地毯毛羊的平均养殖纯收益为175.41元/只，养殖地毯毛羊的平均成本利润率为38.75％。在养殖成本相差不大情况下，刚察县地毯毛羊因养殖收益较高，平均养殖纯收益较高，为232.73元/只，成本利润率为49.58％；海晏县的养殖纯收益较低，为121.39元/只，成本利润率为27.85％。

（六）养殖方式仍以传统放牧养殖为主，养殖条件较好

刚察县和海晏县是青海地毯毛羊的主要养殖县，这些地区草场资源丰富，适合进行放牧养殖。调研发现，除了个别养殖大户和种羊场外，当地农牧户大多依托天然草场资源，沿袭了传统的草原放牧模式，养殖地毯毛羊均为完全放牧方式，每天放牧时间长达10个小时以上。农牧户一般会在冬春的枯草期对地毯毛羊进行适当补饲，因为适当补饲能够保证地毯毛羊不掉膘，加上当地正在推广地毯毛羊"两年三胎""藏羊多胎养殖""羔羊早期断奶"等高效养殖配套技术，农牧户更加注重对良种选育、补饲技术的运用。由于农牧户补饲时间很短，所以该传统养殖模式不是完全意义上的半舍饲养殖方式，仍然属于完全放牧方式。农牧户会根据季节的变化在不同季节的牧场上放牧。刚察县和海晏县70%左右的养殖户为放牧养殖，一些养殖大户和种羊场会进行舍饲养殖。

从良种选育来看，各调研县养殖户仍以本交（自然交配）为主，种羊场会使用人工授精技术。受益于当地藏羊高效养殖配套技术的持续推广，刚察县养殖大户普遍使用了"两年三胎"技术，海晏县大概10%的养殖户使用了"两年三胎"技术。此外，刚察县正在加强多胎型藏羊新品系的培育，海晏县2024年计划投放196只多胎型种羊进行大规模推广。

从圈舍投入来看，农牧户基本建造了养殖地毯毛羊所需的砖混暖棚，配备食槽等设施，养殖条件较好。调研县依托青海省农业农村厅基础设施配套资金项目、巩固拓展脱贫攻坚成果同乡村振兴有效衔接资金项目、牛羊调出大县奖励资金项目等，扶持养殖户改造升级养殖基础设施。目前，调研养殖户建设的羊圈原始价值从1万元到11万元不等。

从饲料投入来看，养殖户基本自有或租赁大面积草场，除放牧自由采食外，还会购买加工饲料和干草作为补充，以满足地毯毛羊在冬春季节的饲草料需求，同时保证母羊繁育期间所需营养，促进羔羊生长发育。

从牧业机械使用来看，地毯毛羊的机械化程度较低。种羊场和少数养殖大户会配备一定的撒料机、饲料搅拌机、自动称重机等设备，普通养殖户仅小部分会配备农用车，价格一般在2万元以上。由于调研县大部分地区为牧区，饲草料加工需求不多，拥有铡草机、饲料粉碎机等的养殖户也不多，在调研农牧户中无人配备饲草料加工机械。

从羊毛收获来看，调研县养殖户一般是手工剪毛，由于机械剪毛需要进行

培训且与手工剪毛差异不大，仅个别养殖大户会使用机械剪毛机。近年来由于地毯毛价格低迷，雇工剪毛不划算，养殖户要么自己完成剪毛，要么与其他养殖户以互助的形式免费互相剪毛。

从疫病防治和病死羊无害化处理来看，除了集中的春季和秋季强制免疫外，养殖户还会积极购买兽药进行常见羊疫病防治，大多数养殖户已掌握基本的打针和用药技能，每年会对羊圈进行一定的清理和消毒。调研县依托强制扑杀和无害化处理补助，建立乡镇收集点，对染疫畜进行扑杀和无害化处理，保障地毯毛羊生产所需的健康环境。

（七）地毯毛羊养殖相关合作社发展处于初级阶段

调研县地毯毛羊养殖相关合作社的发展还处于初级阶段，发展较为规范、能够实现盈利的合作社非常少，养殖户参与合作社的比例也比较低。刚察县和海晏县的农牧民专业合作社分别有131家和69家，但涉及地毯毛羊养殖相关的合作社数量较少，一般以大户带动、村组织带动的形式成立，大部分有名无实，在社员养殖销售过程中也没有发挥应有的作用，整体发展较差。

在调研县中也有个别经营较好的合作社，在能人大户的带领下已经初步发挥作用。如刚察县沙柳河镇尕渠村青青草牛羊养殖合作社，该合作社2011年由6名农户协作成立，是能人大户带动、群众自愿入社型，入社不要求缴费，建立了理事会和社员代表大会制度，定期召开社员大会。该合作社在采用了青海省畜牧兽医科学院推广的母羊补饲、"羔羊早期断奶"、营养调控技术后，已基本实现"两年三胎"。该合作社邀请当地畜牧兽医站技术人员定期为社员农牧户提供技术指导和培训，包括母羊补饲、"羔羊早期断奶"、营养调控、短期育肥出栏、疫病的预防和治疗技术等；为入社农牧户免费提供统一采购饲草料、统一防疫、统一配种、统一饲养、统一剪毛和统一销售等服务。对于统一销售地毯毛，该合作社采取赊销的方式，先从社员收购羊毛并根据当年市场价格垫付资金，若实际销售给贩子的价格较低则由合作社承担资金，若价格较高则盈余用作社内经费。

地毯毛羊养殖相关合作社发展还不完善，助力小农户对接大市场的作用有限，养殖户加入合作社的意愿较低。根据养殖户调研问卷数据，仅4户养殖户加入了地毯毛羊养殖相关合作社，合作社提供了优惠购买种羊、统一采购饲草料、统一防疫等服务。其余79%的养殖户表示没有加入合作社，其中近65%

的未入社养殖户表示将来也不愿意加入合作社。

（八）调研县地毯毛销售方式以贩子收购为主

由于调研县地毯毛羊养殖户相对分散，每户地毯毛生产数量较少，再加上当地缺少加工企业，也没有其他销售渠道，养殖户地毯毛销售方式以贩子收购为主。少数经营较好的合作社将农牧户的地毯毛集中起来，统一与贩子进行价格协商，但是这种通过合作社统一议价的农牧户较少。羊毛贩子包括本地和外地人员，其中本地人员主要来自本县及邻近县，通常会在6—7月的剪毛季节来到农牧户家中收购地毯毛。在收购过程中，双方既没有签订合同也无口头协议，而且地毯毛收购时不分级，均是混等收购，收购商贩大多数依靠下游收购商的报价和自己的经验给出地毯毛收购价格，双方讨价还价、协商一致后以现金方式一次性完成交易。

具体来看，海晏县当地没有地毯毛加工厂，地毯毛主要销往甘肃等外地，大多依靠外地贩子前来收购。贩子一般与农牧户当面交易，一手交钱、一手交货、一次性支付，不签订收购协议或合同。调研发现，85.71%的农牧户通过贩子上门方式销售地毯毛，仅个别加入合作社的农牧户会选择通过合作社卖毛，合作社将农牧户的地毯毛集中起来，然后统一与贩子进行价格协商，价格比农牧户直接销售给贩子高0.2元/千克左右。由于加入合作社的农牧户有限，以及其他农牧户相距合作社路程遥远，通过合作社统一议价方式销售羊毛的农牧户不多。

刚察县当地原有羊毛清洗厂，后由于环保原因关停，所以当地只能通过贩子收购方式将未清洗的地毯毛销往甘肃等外地。贩子与农牧户也是当面交易，口头协商议价，钱货两讫。由于地毯毛市场需求不振，价格持续低位，一些贩子反映收购效益较差，正在逐渐退出。调研发现，91.67%的农牧户没有其他销售渠道，均通过贩子上门销售地毯毛，个别农牧户的地毯毛直接送人以抵消剪毛费用。

（九）调研县对地毯毛羊产业均有一定的扶持政策

调研县均是海北州地毯毛羊的重要养殖地区，地毯毛羊产业也是当地畜牧经济中的重要组成部分。目前，调研县均执行了国家出台的促进畜牧业发展的相关政策，如畜牧良种补贴政策、动物防疫补贴政策、机械购置补贴政策和草原生态保护补助奖励政策等。此外，各调研县也结合青海省政策、自身经济发展和财政状况以及地毯毛羊产业定位与规划，出台了更有针对性的地毯毛羊产业扶持政策。

除了实施机械购置补贴（青海省标准）[①]、草原生态保护补助奖励政策[②]、动物防疫补贴政策[③]、强制扑杀和无害化处理补助[④]、畜间布病防治[⑤]外，刚察县和海晏县均针对地毯毛羊产业实施了畜牧良种补贴、藏系羊养殖保险、牛羊出栏奖励政策。一是畜牧良种补贴政策。根据青海省农业农村厅《关于下达2023年部分中央及省级财政农业相关转移支付资金任务清单的通知》（青农财〔2023〕138号），2023年分别下达刚察县、海晏县牧区良种补贴资金76万元、92万元。项目由当地畜牧兽医部门负责实施，按照"活畜补贴"的原则，补助地毯毛羊标准为800元/只。二是藏系羊养殖保险政策。刚察县和海晏县分别自2017年、2019年开始按照海北州要求全面启动藏系羊保险试点，每只藏系羊保险金额300元，保险费率按保险金额的6%执行。保险费中央财政补贴40%、省级财政补贴35%、县级财政补贴10%，补贴后农牧户个人承担15%。2024年藏系羊保额按照青海省通知由300元/只提高至400元/只，费率保持不变。刚察县哈尔盖镇、沙柳河镇、伊克乌兰乡、泉吉乡、吉尔孟乡共30个行政村2024年参保藏系羊95.52万只[⑥]，海晏县2023年藏系羊保险总保

---

① 青海省农业农村厅、省财政厅《关于印发青海省2021—2023年农机购置补贴实施方案的通知》（青农机〔2021〕136号）。青海省农业农村厅、省财政厅《关于印发青海省2024—2026年农机购置与应用补贴实施方案的通知》。

② 刚察县第三轮草原生态保护补奖面积1 070万亩，禁牧面积补助标准25元/亩。海晏县禁牧面积为208.64万亩，草畜平衡面积357万亩，禁牧面积补助标准13.24元/亩，草畜平衡面积奖励标准2.5元/亩。

③ 根据青海省农业农村厅《关于下达部分2024年农业相关转移支付资金任务清单的通知》（青农财〔2024〕51号），下达刚察县、海晏县的资金分别为64万元、61万元。海晏县该政策由县畜牧兽医站负责实施，建设内容及规模为完成病原学监测316份、血清学检测2 820份，根据实际情况采购猪牛羊防疫耳标或追溯耳标，其中新生犊牛耳标2万枚、羔羊耳标18万枚，完成佩戴并录入信息。

④ 根据青海省农业农村厅《关于下达部分2024年农业相关转移支付资金任务清单的通知》（青农财〔2024〕51号），下达刚察县、海晏县的资金均为1万元，强制扑杀和无害化处理补助，完成染疫畜扑杀和无害化处理。

⑤ 根据青海省农业农村厅《关于下达部分2024年农业相关转移支付资金任务清单的通知》（青农财〔2024〕51号），下达刚察县、海晏县的资金分别为9万元、10万元。

⑥ 刚察县人民政府办公室关于开展2024年刚察县藏区藏系羊、牦牛保险收费工作的通知（https://www.gangcha.gov.cn/html/5745/323048.html）。

费规模达 3 447.86 万元。三是牛羊出栏奖励办法。2023 年 9 月为调动养殖户出栏积极性，刚察县和海晏县均制定出台了《促进牛羊出栏奖励办法（试行）》①，分别安排县级财政资金不低于 200 万元、250 万元对全县农牧户牛羊出栏进行奖励。2024 年海晏县也筹资 228 万元积极落实牛羊出栏奖励政策②。以刚察县奖励办法为例，参与出栏的农牧户按照每只羊 10 元标准奖励；脱贫人口和监测对象补栏种畜按照每只羊 100 元标准奖励，出栏牲畜按照每只羊 50 元标准奖励，最高不超过 3 000 元/户；对在西宁市各区设立刚察牛羊肉直营店的每个乡镇补助 10 万元，超额完成出栏任务的前四名乡镇另行予以奖励。同时，还规定参与牛羊出栏的对象优先享受贷款贴息、协作银行最低利率、快捷贷款审批程序和国家有关税收减免政策。

除上述政策外，刚察县还出台了其他县级奖励办法和一些非固定建设项目。一是其他县级奖励办法。2023 年 12 月为提升青海湖牦牛藏羊肉品牌化营销能力，刚察县制定出台了《刚察县县域外开设牛羊肉直营店（直销点）补贴及奖励办法（试行）》③，利用县级财政资金奖励在刚察县域外开设的以经营刚察青海湖牦牛藏羊肉为主的各类直营店（直销点）、火锅店、烧烤店、体验店。奖扶对象可以获得补贴资金和年销售额奖励资金。其中，补贴资金分为四个方面，即门牌标识补贴、保鲜冷链设备补贴、铺面租赁补贴、电子广告设备及服装补贴，最高可享受一次性补贴资金 3.3 万元。年销售额奖励资金分为三个层次，即年销售额达 80 万元（含）至 300 万元的可获得一次性奖励 3 万元，年销售额达 300 万元（含）至 500 万元的可获得一次性奖励 6 万元，年销售额达 500 万元（含）以上的最高可获得一次性奖励资金 10 万元。符合补贴条件的奖扶对象在经营满 6 个月后可在每年 12 月 6 日至 15 日期间向刚察县农牧水利和科技局进行申报。二是非固定的建设项目。2024 年 3 月 20 日刚察县人民政府批复了《刚察县藏羊产业高效养殖标准化建设项目实施方案》④，将利用县

---

① 刚察县人民政府办公室关于印发《2023 年度刚察县促进牛羊出栏奖励办法（试行）》的通知（https://www.gangcha.gov.cn/html/5745/296623.html）。

② 海晏县人民政府办公室关于印发《2024 年海晏县促进牛羊出栏奖补办法》的通知（https://www.haiyanxian.gov.cn/public/6617021/9286471.html）。

③ 刚察县人民政府办公室关于印发《刚察县县域外开设牛羊肉直营店（直销点）补贴及奖励办法（试行）》的通知（https://www.gangcha.gov.cn/xwzx/tzgg/8844521.html）。

④ 刚察县人民政府关于 2023 年刚察县藏羊产业高效养殖标准化建设项目实施方案的批复（https://www.gangcha.gov.cn/html/5744/323039.html）。

级财政资金 300 万元，于 2024 年 1 月至 12 月在泉吉乡宁夏村万只白藏羊养殖基地、伊克乌兰乡压贡麻村万只藏羊养殖基地、各乡镇合作社、各乡镇家庭牧场、藏羊高效养殖辐射户实施藏羊精料补充料补助①、采购同期发情药品②、注射同期发情药工作经费③。2024 年 3 月 13 日刚察县人民政府批复了《刚察县沙柳河镇果洛藏贡麻村生态畜牧业合作社基础设施建设项目—察擎生态畜牧业专业合作社实施方案》和《秀瑙央湃生态畜牧业专业合作社实施方案》，于 2024 年 1 月至 12 月期间利用中央财政衔接资金、省级财政衔接资金等分别投资 854 万元、894 万元支持两个合作社的装配式羊棚、运动场遮雨棚、储草棚、饲草料库房等基础设施建设④。2024 年 1 月 30 日刚察县人民政府批复了刚察县哈尔盖镇环仓秀麻生态畜牧业专业合作社产业发展购置牲畜项目，于 2023 年 12 月至 2024 年 11 月期间利用 2024 年衔接推进乡村振兴补助资金 75 万元购置 3～4 岁高原型藏系能繁母羊 500 只，用于哈尔盖镇环仓秀麻生态畜

---

① 补助方式：以藏羊精料补充料补助的方式实施，不补贴资金。刚察县泉吉乡宁夏村万只白藏羊养殖基地、伊克乌兰乡压贡麻村万只藏羊养殖基地、藏羊高效养殖辐射户母羊每吨补助 300 元、羔羊料每吨补助 400 元。各乡镇合作社、各乡镇家庭牧场及藏羊高效养殖辐射户每吨补助 200 元。

供给企业：此次补助的饲料将以公开招标的方式进行。中标饲料生产企业对采购饲料对象登记造册，做好档案（需附采购人身份证或营业执照、法人身份证、购置合同、出库单、"一卡通"等），作为最终的补助依据。待中标饲料生产企业上报补助饲料的相关资料后，由县农牧水利和科技局审核后，统一将饲料补助款进行发放。中标饲料生产企业不得随意调整饲料价格，饲草料补助时限以完成 289.68 万元饲料补助款为准。

② 采购同期发情药品 1 580 盒 6.32 万元。

③ 刚察县泉吉乡畜牧兽医站、伊克乌兰乡畜牧兽医站注射同期发情药工作经费 4 万元。

④ 刚察县沙柳河镇果洛藏贡麻村察擎专业合作社实施方案。项目总投资 854 万元，其中中央财政衔接资金 140 万元，省级财政衔接资金 600 万元，专项补助资金及县级配套资金 114 万元。项目区占地面积 23 364.13 平方米（约 35.04 亩），此次总建筑面积 4 000 平方米，其中：新建装配式羊棚 6 栋，总建筑面积 3 000 平方米（500 平方米/栋），每栋建设运动场遮雨棚 750 平方米，共计 5 400 平方米；新建储草棚 500 平方米，饲草料库房 500 平方米；配套建设装卸台 1 座、养殖场围墙、养殖场大门、水井（含泵房）2 座、室外箱变 1 台及电气管线等附属设施建设（项目详情见 https：//www.gangcha.gov.cn/html/5744/323038.html）。

刚察县沙柳河镇果洛藏贡麻村秀瑙央湃专业合作社实施方案。项目总投资 894 万元，其中中央财政衔接资金 770 万元，二类费用及预备费 124 万元为专项补助资金及县级配套资金。项目区总占地面积 56 172.90 平方米（约 84.25 亩），建筑面积 3 500 平方米，其中：新建装配式羊棚 5 栋，总建筑面积 3 000 平方米（600 平方米/栋），配套运动场遮雨棚 5 400 平方米；新建储草棚 500 平方米；配套建设装卸台 1 座、养殖场围墙、养殖场大门、水井（含泵房）2 座、箱变 1 台及电气管线等附属设施建设（项目详情见 https：//www.gangcha.gov.cn/html/5744/323037.html）。

牧业专业合作社发展村集体产业①。

此外，海晏县积极探索"金融＋"服务新模式，2024年由县政府投资93.5万元、群众自筹20万元，建立"环湖藏系羊价格指数保险"试点，为全县2万余只藏羊上羊肉价格保险。该保险目标价格以青海省农业农村厅2024年以来发布的全省羊肉平均价格为依据，若出栏时发布的羊肉价格低于目标价格，则触发保险理赔，保险公司按照约定的理赔金额直接向养殖户支付赔款。

二、地毯毛羊产业发展存在的主要问题

（一）良种推广难度较大，力度还需持续加强

地毯毛羊作为当地的特色传统畜种，性能突出且适应当地自然环境，具有悠久的养殖历史，深受当地农牧户认可。当地政府部门长期致力于地毯毛羊优良品种的推广繁育工作，通过建立养殖核心区、出台相关保护条例等措施扩大良种的覆盖范围，工作成效较为显著。但推广过程中仍存在较大困难，基层推广工作的力度还需持续加强。首先，受市场等因素影响，地毯毛羊的养殖效益不佳，当地农牧户主动参与选育的积极性不高，且存在杂交弃养情况，在种公羊选留上基本随个人喜好，没有认识到良种在提升养殖效益、降低养殖难度等方面的重要作用。其次，虽然近年来国家实施了良种补贴政策，但由于补贴资金较少，补贴覆盖范围较小，对调研县农牧户的激励作用较为有限。以刚察县为例，2022年补贴数量为600只1岁种公羊，国家补贴标准800元/只，群众自筹600元/只，共计每只1 400元②；2020—2021年，补贴数量为725只（其中2020年625只、2021年100只）1岁种公羊，国家补贴标准800元/只，群众自筹700元/只，共计每只1 500元③。相对于广大地毯毛羊农牧户群体数量而言，补贴的覆盖范围有限，并且质量较好的种公羊市场售价一般在2 000元/只，补贴标准不高，群众自筹资金压力较大。可见，由于种公羊补贴范围与补贴力度有限，农牧户购买和养殖良种地毯毛羊的积极性较低，减缓了良种

---

① 项目详情见有关文件（https：//www. gangcha. gov. cn/files/2024013016114461896. pdf）。

② 关于实施2022年（藏羊）良种补贴项目公示公告（https：//www. gangcha. gov. cn/html/2174/290784. html）。

③ 关于实施2020年—2021年（藏羊）良种补贴项目公示公告（https：//www. gangcha. gov. cn/html/2174/288449. html）。

推广进程。最后，基层政府良种选育改良缺乏长期经费保障，良种推广相关工作难以持续展开。以海晏县为例，仅海晏湟水源白藏羊繁育基地长期坚挺，其余繁育基地多数依赖于各类项目，经营状况困难，供种能力有限，缺乏持续性，不利于地毯毛羊良种的推广工作。

（二）地毯毛羊养殖效益偏低，严重影响农牧户养殖积极性

2023年地毯毛销售价格约为4元/千克，2024年地毯毛销售价格小幅上升到5元/千克，且每只地毯毛羊的羊毛单产仅1千克左右，因此农牧户并不能依靠出售地毯毛获取较大收益。较低的羊毛效益导致农牧户对地毯毛生产不重视，对产毛性能较高的优良品种的选育积极性不高，选育重点多在提升产肉性能上，不利于优良地毯毛羊养殖的长期稳定发展。以海晏县为例，由于存在农牧户将地毯毛羊与肉羊种公羊杂交的现象，目前整个县的良种率大概在70%，还有些农牧户则直接转向养殖肉羊。另外，活羊收购价格持续下跌带来地毯毛羊整体效益不佳，部分农牧户选择减少出栏量、增加存栏量以等待价格上涨，加之可利用贷款方式缓解养殖资金压力，导致地毯毛羊养殖周期延长和成本增加，从而可能引发恶性循环。总之，较低的养殖效益在多方面不利于地毯毛羊的生产。

（三）饲养管理方式仍较为落后，现代化养殖技术应用水平低

目前，受气候条件及资源环境约束，调研地区仍以家庭经营的分散养殖为主，养殖大户、家庭农场等较为少见，多数农牧户饲养管理方式粗放。从养殖管理方式看，大多数农牧户依然采用全放牧或者半放牧半舍饲的方式，主要根据自身养殖经验决定各类饲草料的饲喂量、搭配比例和饲喂时间，夏秋两季纯放牧，基本依靠羊只自由采食，冬春两季使用自种或购买的牧草以及青稞、燕麦等农作物或者混合饲料进行适当补饲，大多数农牧户没有掌握青贮饲料制作技术，尚未完全摆脱"夏长—秋肥—冬瘦"的状况。

大多数农牧户的现代养殖技术应用水平较低，以海晏县为例，全县高效养殖技术使用率不足10%，主要集中于大户和种羊场。2004年国家出台了畜牧养殖机械购置补贴政策，但调研县的养殖机械化水平依旧较低，拥有各类机械设备的农牧户非常少，主要有以下原因：一是购置成本过高，补贴金额有限，单户农牧户难以承担，资金缺口较大；二是由于养殖规模不大、养殖效益较低

等，机械化成本难以收回，以剪毛机为例，调研县基本是手工剪毛，缺乏专业剪毛队，因为卖毛的收益显著低于剪毛成本；三是调研地区的夏季牧场通常位于高海拔的偏远山区，不通电源，客观限制部分养殖机械的采用；四是地毯毛羊多为放牧养殖，饲草料加工需求较少，故农牧户基本不会购买相应的机械化设施。在新技术采用方面，虽然大部分农牧民表示参加过相关养殖技术培训，但由于自身文化程度低、自有资金有限等，影响了其采用的积极性。比如，养殖大户一般均已采用2年3胎的养殖技术，大部分普通农牧户仍是1年1胎，且对人工授精技术等先进技术的认知度较低。在疫病防治方面，大部分农牧户没有自己购买的药浴设备，虽掌握基本的打针和用药技能，但其牲畜疫病防治意识稍弱，主要依靠乡镇兽医站提供的免费防疫服务。

（四）地毯毛销售方式较为传统，"优毛优价"机制尚未建立

由于化纤技术的发展和进口羊毛的强烈冲击，造成国内地毯毛的市场需求处于低迷阶段。从调研情况看，地毯毛的销售渠道单一，仍以贩子收购为主，"优毛优价"机制尚未建立。养殖地毯毛羊的农牧户大多分散居住在位置偏僻、交通不便的高原地区，缺少拖拉机等交通工具，地毯毛外销较为困难。两个调研县均没有地毯毛集中交易场所和加工企业，地毯毛主要通过贩子上门收购的方式销售，并不进行分级整理。农牧户将未处理的地毯毛混级销售给收购商贩，双方简单讨价还价就达成交易，无法实现"优毛优价"。以海晏县为例，地毯毛销售过程以污毛计价为主，外地羊毛贩子把低价购入未分级的污毛运输到甘肃等地，通过简单整理加工打包成净毛再贩卖到南京等地的加工企业。在这种销售方式中，地毯毛污毛价格较低，贩子来源、数量不固定导致收购渠道不稳定，再加上"压级压价"现象，农牧户地毯毛销售缺乏能动性。

（五）养殖专业合作社发展较为滞后，职能发挥有限

两个调研县均有地毯毛羊养殖合作社，但从实际运行效果看，大多数合作社还处于初级阶段，农牧户参与合作社的比例也较低，职能发挥比较有限。现有的合作社多数是由家庭成员或亲戚朋友组成，往往有名无实，运行不规范，合作社内没有章程或章程缺乏执行效力，没有违约惩罚措施，造成合作社缺乏激励和凝聚力。合作社普遍没有专业的管理人员，合作社法定代表人对于合作社如何经营、如何实现盈利没有清晰规划。合作社对社员在养殖、饲草料采

购、活羊和羊毛的销售方面帮助甚少，大多数合作社无法做到生产资料统一，社员之间各自独立养殖经营，加之牛羊市场价格波动较大，导致共同养殖的风险较大，渐渐演变成风险不共担、利益不共享的局面。以刚察县为例，一般以大户带动、村组织带动的形式开展养殖合作社，但目前仅依柯吾兰这一家合作社处于盈利状态。调研中，大多数农牧户表示没有加入合作社，而少数入社的农牧户也表示参加合作社对自己生产经营的帮助比较有限，还有农牧户表示将来也不愿意加入合作社，合作社在小农户与大市场之间的桥梁和纽带作用并未发挥。

从调研情况看，产生上述问题的主要原因在于以下三方面：一是成立之初，部分合作社发起人主要目的为获取政策优惠，合作社成员也多为同村亲友，并未真正实现联合，也无实际运作；二是当地农牧户一般具有多年的养殖经验，养殖习惯难以改变，大多不愿意参与合作社统一的饲养管理，导致其无法实现规模养殖和高效养殖效益；三是合作社缺乏管理人才与运营资金，多数合作社负责人对合作社的经营管理缺乏经验，制约了合作社的进一步发展，且社员经济水平普遍不高，导致其投入成本有限。

（六）受草场资源限制，农牧户养殖规模受限、养殖成本增加

自 2003 年开始，我国在牧区推行划区轮牧、休牧和禁牧制度，覆盖范围与强度持续扩大。2021 年出台的《青海省第三轮草原生态保护补助奖励政策实施方案（2021—2025 年）》指出，各地按照草原生态保护优先原则，以禁牧区面积不低于第二轮草原补奖政策禁牧区管控面积为前提，实行动态调整。调研地区为有效遏制草原退化、沙化、盐碱化进程，全面开展草畜平衡及禁牧工作。以海晏县为例，冬季牧场人均面积不到 200 亩，全县可利用草原面积448.36 万亩，禁牧面积208.64 万亩，草畜平衡面积357 万亩，禁牧面积补助标准13.24 元/亩，草畜平衡面积奖励标准2.5 元/亩。因草场资源有限，同时大多数农牧户没有实现舍饲高效养殖，导致其难以实现扩大养殖规模。根据调研数据，农牧户养殖一只地毯毛羊需要租赁草场的平均费为44.5 元/只，大约占据其养殖总成本的9%，低于所获补贴。

（七）品牌意识淡薄，地毯毛羊产品品牌建设比较滞后

地毯毛羊主产区大多位于西北部经济发展较为落后的民族聚居的高原地

区，养殖户甚至各类新型经营主体的主要精力依然集中在养殖生产过程，品牌意识淡薄，打造和发展品牌的主动性不足。地毯毛羊的羊毛、羊肉在本地均具有较高的美誉度，在其他地区却鲜为人知或无法卖上高价。从养殖户到合作社、家庭农场等各类经营主体普遍缺乏品牌宣传推广技能，地方政府在打造区域品牌方面也缺乏相关人才和行之有效的方式方法。调研地区不仅缺乏具有区域示范带动作用的企业品牌和产品品牌，也没有对相关产品进行科学评定和认证的第三方权威机构，在品牌质量溯源、品牌价值链延伸等方面存在显著短板与不足，致使羊毛、羊肉多数在周边地区流通，市场竞争力不足，无法进入更广阔的市场、产生更大的经济效益。

（八）政策性农业保险保障水平有限，未能充分满足农牧户需求

调研地区的藏系羊政策性农业保险保障水平有限，对于农牧户在养殖过程中面临的各类风险，其防范风险作用和能力未能充分显现，未能充分满足农牧户需求。一是地毯毛羊养殖多位于高原牧区，地域辽阔且交通不便，事故灾害发生后保险公司进行现场查勘和损失评估的难度较大，导致其理赔过程往往耗时较长，对农牧户的投保积极性产生一定消极影响。二是地毯毛羊保险赔付金额较低，尽管自 2023 年 1 月 1 日起，调研县藏系羊养殖保险保额由 300 元/只提高至 400 元/只，但其赔付金额仍远低于其市场价格，难以有效弥补农牧户的损失。

三、促进地毯毛羊产业发展的政策建议

（一）加大良种推广力度，建立良种示范区

畜种良种化是畜牧业现代化的主要标志，也是提高畜牧业经济效益的重要手段和措施。高原型藏羊作为我国原始地毯毛羊品种，对高寒、缺氧的自然环境适应能力强，是我国优秀的本土良种。针对调研地区地毯毛羊良种推广难度较大的问题，提出以下建议。第一，要加大宣传力度，提高良种补贴标准，通过开展系统性、广泛性的宣传，使农牧户认识到良种对于提升产量、增加效益的重要作用，良种补贴可以进一步激发农牧户坚持良种养殖的积极性和主动性。第二，持续扶持地毯毛羊种羊场和繁育场建设，加大对各级繁育机构的保种经费投入，充分发挥种羊场在促进品种改良和选育工作中的重要作用，扩大

对周边农牧户的辐射作用，提高良种覆盖率。第三，多点建立良种推广示范点，联合养殖大户、村股份经济合作社等经济组织，多点设立良种推广示范点，利用示范点直观呈现良种高效养殖的经济效益，并向周边农牧户免费提供相关养殖技术指导，直接提高良种养殖数量。第四，联合各类科研机构实施良种换代工程，以适应市场消费、降低养殖成本、提高养殖效益，在培育优质品种的基础上，提高其产毛、产肉性能，加快地毯毛羊优良品种的推广步伐。

（二）出台地毯毛差价补贴政策，错峰出栏提高销售收入

近年来，调研地区地毯毛市场价格低位徘徊，地毯毛羊养殖效益明显低于当地肉羊品种，严重挫伤了农牧户的养殖积极性。针对地毯毛羊养殖效益偏低的问题，提出以下建议。第一，为保障农牧户的收益，提议针对地毯毛价格低迷问题实施差价补贴策略，由政府根据地毯毛的生产成本、历史市场价以及毛肉比价等因素设定适当目标价格。若市场价格高于此目标时，政府无需干预；反之，当市场价格低于目标价格时，政府应基于二者差额对农牧户进行补贴，以保障其利益，使其保持养殖积极性。另外，应将目标价格与地毯毛的质量进行联系，对高品质地毯毛制定更高的补贴标准，促使农牧户产生提升地毯毛质量的动力。第二，政府依托活畜交易平台把握市场供需动态，合理引导农牧户安排错峰出栏时间，选择由于价低没有出栏、没有达到出栏体重或瘦弱不能越冬的地毯毛羊，以"暖棚＋补饲"的方式饲养，选择在春季等低峰期出栏，延长地毯毛羊均衡供给时间，避免市场供应过剩，稳定或提升销售价格，保障或增加农牧户养殖销售收入。

（三）重视农牧户养殖技术培训，引导高效科学养殖

大多数地毯毛羊养殖户属于小规模分散养殖，农牧户的养殖方式在科学化、标准化、精细化等方面较为落后，亟须提高地毯毛羊养殖环节的科技含量。针对调研地区饲养方式较为落后的问题，提出以下建议。第一，健全完善畜牧科技服务体系，定期举办专业技能培训、实操演练和知识更新课程，提升一线技术人员的业务能力和服务水平，以科技创新推动地毯毛羊产业的持续健康发展。第二，结合当地实际，持续强化农牧户养殖技术培训，主要加强保种繁育、饲草料使用、疫病防治等方面的培训。在培训前应提前了解农牧户在养殖过程中存在的困难与问题，加强对农牧户具体技术需求的了解，让培训更具

有针对性，提升农牧户的培训积极性，提高技术培训效果。培训过程中应根据农牧户的理解和认知情况改进技术培训的方式方法，加强养殖技术的实际操作和演示，提高入户指导次数。此外，可以通过抖音、微信等新媒体平台宣传高效养殖技术，让农牧户在零散空闲时间、轻松愉快氛围中学习相关知识。第三，利用村集体经济组织，鼓励农牧户将分散养殖的地毯毛羊统一饲养，从"单打独斗"变为"抱团经营"，形成适度规模、高效化养殖。另外，以培育养殖示范户为抓手，突出养殖科技示范带动作用，辐射引导农牧户转变传统养殖观念，应用现代化养殖新技术、新设备，提高农牧户的养殖技术水平。

(四) 引导建立"优质优价"机制，开拓地毯毛销售渠道

调研地区销售地毯毛的渠道以贩子上门收购为主，销售价格主要由收购商贩决定，农牧户议价能力较弱，且无"优质优价"机制，极易遭受损失。针对地毯毛销售中存在的问题，提出以下建议。第一，在提高地毯毛羊产毛性能的基础上，组织有关单位制定地方或企业质量标准，逐步尝试建立地方地毯毛分等分级制度，为实现"优质优价"机制奠定标准基础。第二，政府部门应梳理当地地毯毛流通渠道，加强与主要收购商贩和加工企业的联系，可考虑提供一定的金融优惠，支持大商贩和加工企业按照"优毛优价"原则直接从农牧户手中收购地毯毛原料，减少中间流通环节，推动长期稳定的产销对接。第三，鼓励养殖专业合作社、养殖小区、家庭牧场、养殖企业等组织或主体，在地毯毛集中销售月份，组织散养户对地毯毛进行分级整理，联系收购商贩进行联合销售或代销，以增强销售中散养户的议价能力，提高养殖户的羊毛销售收入，降低羊毛销售风险。

(五) 推动地毯毛羊养殖专业合作社规范化发展

小规模农牧户的资金实力普遍较弱且养殖规模较小，抗风险能力较弱，发展养殖专业合作社是推动地毯毛羊产业发展、提高组织化程度的必然选择。为解决养殖专业合作社发展较为滞后、职能发挥有限的问题，提出以下建议。第一，注重加大政策宣传力度，通过加强养殖专业合作社培育发展方面的法律宣传和政策引导，让农牧户了解合作社的作用、扶持政策和典型经验，提高其对合作社的了解程度和加入的积极性，同时鼓励种羊场或养殖大户牵头成立养殖合作社。第二，在合作社建立过程中应提供多方面的指导，帮助其建立规范的

章程、管理制度、利益分配机制等，促使其建立统一的生产销售环节，使其具有较高的集体议价能力，保证社员的养殖收益。第三，加大资金扶持力度，尤其是在合作社起步阶段，引导金融机构加大信贷投入，主动调整信贷结构、优化信贷投向，增加对合作社的信贷支持。第四，对区域内现存的养殖专业合作社进行全面调查和走访，强化监督与管理，指导其完善章程和管理制度。建议采用股份合作等多元化的利益分配模式，增强合作社与社员间的风险共担和利益共享，提高社员参与内部事务的积极性，确保合作社的规范化运作。同时有效发挥合作社的示范引领职能，对于"空壳社"，应予以严格查处并解散。

（六）完善草原生态保护补助奖励政策，推动产业持续发展

根据现行的政策，农牧户获得的禁牧补助和草畜平衡补助，低于租赁草场带来的增加的养殖成本，也不够弥补增加的饲草费用。针对草场资源有限带来的产业发展问题，提出以下建议。第一，提高禁牧补助、草畜平衡奖励的标准，补贴标准应结合草原类型、载畜能力、饲草料价格等因素综合研究制定。第二，在科学评估草场承载力的基础上，合理规划禁牧区域和禁牧期限，推行季节性禁牧与轮牧相结合的模式，缓解禁牧和地毯毛羊养殖之间的矛盾。第三，设立草场保护奖励金，对在草场保护和管理方面做出突出贡献的农牧户给予物质和精神上的奖励，激发农牧户参与草场保护和建设的热情。引导农牧户优化地毯毛羊放牧方式，学习枯草期科学补饲技术，提高草场利用效率。第四，继续大力推广科学的人工种草，在牧草草种、种草肥料、相关农业机械等方面向农牧户提供更多的支持，以提高草原生产力和承载能力，缓解草畜矛盾。

（七）优化当地生产模式，努力打造区域品牌

在地毯毛羊产业链上的各个经营主体中，农牧户的附加值效益最低，利益也最易受到损害。建立区域品牌可以提高农牧户的养殖收益。针对地毯毛羊产品品牌建设滞后的问题，提出以下建议。第一，优化当地生产模式，以"养殖基地＋合作社＋养殖户＋科研机构"的模式来发展专业化、标准化的地毯毛羊养殖，提升当地地毯毛羊品种优势，形成区域品牌优势，进而形成优良品种品牌化经营的局面。第二，深入落实标准化工作，建立品牌认证体系，对符合质量标准的地毯毛羊产品进行认证，保障消费者权益，同时提升产品的市场竞争

力。第三，鼓励和支持产业链上的龙头企业与农牧户建立紧密的利益联结机制，通过订单农业、股份合作等方式，确保农牧户能够分享到产业链增值带来的收益。

（八）增强协同合作效能，提高政策性农业保险保障水平

政策性农业保险是一种分散养殖风险和弥补养殖损失的有效手段，地毯毛羊养殖又是调研地区农牧户收入的重要来源，其保险保障水平的提高能有效提高当地农牧户养殖经营活动的抗风险能力。为有效提高藏系羊政策性农业保险保障水平，提出以下建议。第一，政府应积极与保险公司沟通，督促其进一步扩大协保员队伍，同时加大协保员费用投入，统筹开展理论知识及专业技能培训，简化办事程序，优化服务举措，提高查勘、定损工作的效率，及时核灾理赔。第二，建议气象、防疫等部门加强与保险公司的沟通协作，建立健全风险预警和快速反应机制，为农牧户提供更加全面的风险保障。第三，各级政府应积极争取上级项目、资金支持，加大对藏系羊保险的财政补贴力度，进一步降低农牧户投保成本，提高赔付金额，扩大投保比例。

分报告三

2024年绒山羊产业
发展调研报告

国家绒毛用羊产业技术体系

产业经济研究团队　　　辽阳绒山羊综合试验站
赤峰绒山羊综合试验站

为了准确掌握 2024 年度我国绒山羊养殖形势，了解绒山羊产业发展现状及存在的问题，国家绒毛用羊产业技术体系产业经济研究团队与辽阳绒山羊综合试验站、赤峰绒山羊综合试验站合作，赴辽宁和内蒙古进行实地调查，先后对辽宁营口市盖州市、本溪市本溪县和内蒙古赤峰市巴林右旗的绒山羊产业发展情况进行调研。调研采取养殖户问卷调查以及与调研地区畜牧兽医部门相关负责人、种羊场场长、合作社和规模养殖场负责人、羊绒收购商贩、羊绒加工企业负责人座谈等多种形式，旨在全面了解 2024 年我国绒山羊养殖示范地区的绒山羊养殖情况和产业发展情况。在调研过程中，我们得到了辽阳绒山羊综合试验站豆兴堂站长、王世泉部长，赤峰绒山羊综合试验站徐惠娟站长、刘树才场长及其团队成员的亲自陪同和大力支持，在各调研地区畜牧兽医部门相关负责人、地方干部及养殖户的热情帮助和积极参与下，调研工作得以开展并顺利完成。基于调研，本报告重点分析 2024 年调研地区绒山羊的养殖形势、产业发展现状及存在问题，并提出促进绒山羊产业发展的政策建议。

一、2024 年绒山羊养殖形势与产业发展现状

（一）调研地区绒山羊品种优良，羊绒生产性能较为稳定

各调研地区均具有优质的绒山羊品种，且良种化程度较高。具体来看，巴林右旗的绒山羊品种为罕山白绒山羊，该品种是内蒙古科研人员经多年研究培育而成的绒肉兼用型新品种。罕山白绒山羊体格较大、产肉性能好，且抗病力和适应性强，所产羊绒具有"细长白"的特点，这使得罕山白绒山羊羊绒享誉行业，又被称为"白中白"。巴林右旗建有赤峰市罕山白绒山羊种羊场，2020年改制成立公司制企业以来，该种羊场按照企业运行机制，加强内生动力培育，增加科技投入和促进市场多元化发展，组建绒山羊核心繁育群、经济繁育群，提供高品质种公羊，联合绒山羊繁育户进行高品质繁育，扩大高繁母羊群体规模，目前巴林右旗绒山羊良种化率在90％以上。辽宁盖州市和本溪县的绒山羊品种均为辽宁绒山羊，该品种具有绒纤维长、净绒率高、绒毛洁白、体型壮大、适应性强、遗传性能稳定等特点，被誉为"中华国宝"。2023 年 5 月，辽宁绒山羊入选 2022 年全国十大优异畜禽遗传资源名单，是我国畜牧业领域具有自主知识产权的特殊品种资源，也是我国政府规定禁止出境的品种之一。辽宁自 2005 年起实施辽东地区绒山羊改良项目，本溪县和盖州市均处于辽宁划定的辽东优质绒山羊产区内。近年来，两地把绒山羊养殖作为乡村产业振兴的重要抓手，通过实施绒山羊产业化发展战略、绒山羊改良整村推进工程、辽东山区绒山羊改良等项目持续改善绒山羊整体品质，积极开展绒山羊品种改良，大幅提升了当地绒山羊的良种化率。目前，本溪县绒山羊良种化率在80％以上，盖州市绒山羊良种化率在95％以上。

从羊绒质量水平来看，各调研地区羊绒生产性能较为稳定，但受气候环境、资源禀赋、养殖户养殖技术水平等因素影响，同一绒山羊品种在不同地区的羊绒生产性能存在一定差异。由表1可知，巴林右旗罕山白绒山羊羊绒平均细度为16.2 微米，平均长度为 7 厘米，成年母羊羊绒平均单产为 625～750 克/只，净绒率为 50％；本溪县的辽宁绒山羊羊绒平均细度为 16.6～16.8 微米，平均长度为 7～9 厘米，成年母羊羊绒平均单产为 720～900 克/只，净绒率为70％；盖州市的辽宁绒山羊羊绒平均细度为 16～17 微米，平均长度约 5.88 厘米，成年母羊羊绒平均单产约 800～900 克/只，净绒率为 79.2％。

表1　各调研地区绒山羊品种及其相关质量指标

调研地区	品种	细度 (微米)	长度 (厘米)	单产水平 (克/只)	净绒率 (%)
巴林右旗	罕山白绒山羊	16.2	7	625~750	50
本溪县	辽宁绒山羊	16.6~16.8	7~9	720~900	70
盖州市	辽宁绒山羊	16~17	5.88	800~900	79.2

数据来源：各调研地区畜牧兽医部门统计资料和访谈记录。

注：各项指标均为成年母羊所产羊绒的质量指标。

（二）调研地区绒山羊存栏量较2023年小幅增加

2024年各调研地区绒山羊合计存栏量为122.70万只，较2023年小幅增加2.49%（表2）。具体来看，各调研地区绒山羊存栏量较2023年均有所增加。其中，巴林右旗2024年底绒山羊存栏量为38.70万只，较2023年增加了5.82%；本溪县2024年底绒山羊存栏量为12.00万只，较2023年增加了7.14%；盖州市2024年底绒山羊存栏量为72.00万只，较2023年增加了0.07%。

表2　各调研地区近年绒山羊存栏和羊绒产量变化情况

调研地区	绒山羊存栏量			羊绒产量		
	2023年（万只）	2024年（万只）	增减（%）	2023年（吨）	2024年（吨）	增减（%）
巴林右旗	36.57	38.70	5.82	219.86	221.35	0.68
本溪县	11.20	12.00	7.14	138.60	141.00	1.73
盖州市	71.95	72.00	0.07	436.31	444.62	1.90
合计	119.72	122.70	2.49	794.77	806.97	1.54

数据来源：各调研地区畜牧兽医部门统计资料和访谈记录。

各调研地区绒山羊养殖规模增加主要得益于绒山羊养殖效益的相对稳定和地方政府的扶持。近年来我国肉羊产能持续增加，活羊和羊肉平均价格已经出现了长时间、大幅度的下降。与绵羊及其他农畜产品相比，绒山羊活羊及羊肉价格跌幅较小，绒山羊养殖效益相对平稳，绒山羊养殖比较效益更为明显。调研过程中，巴林右旗、本溪县和盖州市的养殖户反映2024年绒山羊活羊出栏价格较2023年下降了1~2元/千克，降幅在5%~10%。总体看来，绒山羊的市场需求及养殖效益较为稳定，有效促进了绒山羊养殖规模的增加。由于从绵羊转山羊养殖并没有技术上的障碍，巴林右旗还出现了绵羊养殖户转产养殖绒山羊的现象，进而增加了绒山羊养殖规模。另外，地方政府对绒山羊产业的扶持也激发了养殖户绒山羊养殖积极性，进一步推动了绒山羊存栏规模的扩大。在巴林右旗，绒山羊一直是该地区的特色优势产业。近年来巴林右旗依托第三轮草原生态保护补助奖励政策、《赤峰市绒毛加工产业高质量发展行动方案（2023—2025年)》等，实施了绒山羊种公羊良种补贴和人工授精补贴，推动优质绒山羊增产扩群提质，建设优质绒山羊种源基地和养殖基地，促进了绒山羊养殖规模的增加。

本溪县是辽宁优质高产绒山羊生产基地县，也是全国知名的羊汤之乡，绒山羊产业是本溪县传统优势产业。本溪县实施辽东羊改良项目，调配优质种公羊改良低产羊群，统筹项目资金推广优质高产绒山羊饲养管理技术和秸秆机械打包、青黄贮养羊方式，2023年还投资4万元建设了绒山羊科技试验示范基地，当地绒山羊养殖规模近年来处于持续增加态势。盖州市是辽宁绒山羊的原产地，当地把绒山羊养殖作为乡村产业振兴的重要抓手，致力筑牢产业基础，形成了以龙头带基地、基地连农户的产业化生产格局。盖州市强化科技兴牧，与辽宁绒山羊原种场有限公司签署战略合作协议，大力推广高效繁殖技术，实现集中配种、两年三产；推广快速育肥技术和羔羊腹泻防治技术，实现快速育肥和健康养殖，当地绒山羊养殖规模稳中有升。

（三）调研地区羊绒产量较2023年小幅增加

受绒山羊存栏数量变化的影响，2024年度各调研地区的羊绒产量呈小幅增加趋势。各调研地区羊绒产量合计从2023年的794.77吨增加到2024年的806.97吨，增幅为1.54%。具体来看，巴林右旗、本溪县和盖州市的羊绒产量分别从2023年的219.86吨、138.60吨和436.31吨增长至2024年的221.35吨、141.00吨和444.62吨，增幅分别为0.68%、1.73%和1.90%。

（四）多数调研地区羊绒销售价格较2023年小幅上涨

2024年多数调研地区的羊绒销售价格较2023年小幅上涨。具体来看，巴林右旗2024年羊绒平均销售价格为240元/千克，较2023年的230元/千克上涨了4.35%；盖州市2024年羊绒平均销售价格为280元/千克，较2023年的

270元/千克上涨了3.70%；本溪县2024年羊绒平均销售价格为300元/千克，与2023年羊绒平均销售价格持平（表3）。

表3　各调研地区羊绒销售价格

调研地区	2023年（元/千克）	2024年（元/千克）	增幅（%）
巴林右旗	230	240	4.35
本溪县	300	300	0.00
盖州市	270	280	3.70

数据来源：各调研地区畜牧兽医部门访谈记录。

注：表格中羊绒价格为套子绒价格。

2024年巴林右旗、盖州市羊绒价格均小幅上涨，主要是因为羊绒消费市场缓慢复苏和绒山羊养殖成本增加。第一，羊绒消费市场缓慢复苏的影响。2024年全球市场预期明显改善，美国等发达经济体开启降息周期，全球经济增长整体趋于稳定。国际货币基金组织（IMF）预测2024年全球经济增速为3.2%。世界贸易组织《货物贸易晴雨表》数据显示，在2023年通胀高企和利率上升导致贸易需求停滞之后，2024年第四季度的全球货物贸易景气指数已经升至102.7，全球货物贸易继续复苏。在全球经济寻求新平衡状态下，欧美等羊绒制品主要消费市场呈现缓慢复苏状态。贝哲斯咨询预测，2024年全球羊绒服装市场规模为24.6亿美元，预计2024—2029年该市场将以6.2%的速度增长[①]。羊绒制品消费回暖推动2024年羊绒价格上涨。第二，绒山羊养殖成本增加的影响。受生态保护政策的影响，各地积极推广舍饲养殖，农牧户的棚圈建设投入、饲草料支出及人工成本均有所增加。2024年本溪县和巴林右旗的豆粕、花生秧价格较2023年上涨了30%，玉米及各种复合饲料的使用量也有所增加，导致绒山羊养殖成本上升，进而推动了羊绒价格的上行。

（五）调研地区绒山羊养殖效益有一定差异，羊绒收益占比偏低

绒山羊养殖效益是绒山羊养殖积极性的直接驱动因素。绒山羊养殖纯收益是指一个养殖周期内养殖总收益减去养殖过程中投入的现金、实物、劳动力和

---

① 羊绒服装行业发展概况：2024年全球市场规模为24.6亿美元（https：//baijiahao. baidu. com/s? id=1811491954802733021&wfr=spider&for=pc）。

土地等全部生产要素成本后的余额，反映养殖过程中消耗的全部资源的净回报。调研资料显示，各调研地区绒山羊养殖效益存在一定差异，羊绒收益占比依然偏低（表4）。

表4　2024年调研地区绒山羊养殖收益成本情况

单位：元/只

项　　目	样本总体	巴林右旗	本溪县	盖州市
养殖收益合计	1 720.35	1 395.02	1 575.38	2 245.15
羊绒产值	462.00	246.75	506.00	660.45
羊绒产量（千克/只）	1.76	1.05	1.84	2.38
羊绒价格（元/千克）	262.50	235.00	275.00	277.50
出栏羊销售收入	1 257.12	1 148.27	1 069.38	1 581.00
出栏羊平均活重（千克/只）	40.37	38.06	36.56	46.50
出栏羊平均价格（元/千克）	31.14	30.17	29.25	34.00
其他副产品产值	1.23	0.00	0.00	3.70
养殖成本合计	1 263.19	1 052.86	1 031.96	1 704.75
幼畜购进费（羔羊折价）	684.03	508.33	643.75	900.00
精饲料费	268.90	247.29	249.38	310.02
饲草费	108.83	130.20	25.10	171.18
饲盐费	4.24	3.92	3.03	5.78
医疗防疫费	20.93	11.54	22.75	28.50
雇工费	70.22	20.07	0.59	190.00
水电燃料费	5.78	3.18	4.28	9.88
死亡损失费分摊	48.73	47.18	44.00	55.02
草场租赁费	0.00	0.00	0.00	0.00
修理维护费	10.17	6.45	10.56	13.51
固定资产折旧	41.36	74.70	28.52	20.86
其他费用	0.00	0.00	0.00	0.00
养殖纯收益	457.16	342.16	543.42	540.40
成本利润率（%）	36.19	32.50	52.66	31.70

数据来源：根据2024年产业经济研究团队内蒙古地区和辽宁地区绒山羊农牧户调查问卷整理计算得到。

注：此处是以出栏口径计算绒山羊养殖的成本收益，即计算一只绒山羊从出生至出栏整个时期的平均成本收益情况。

从养殖收益来看，2024 年调研地区绒山羊的平均养殖收益为 1 720.35 元/只，其中羊绒产值和出栏羊销售收入分别为 462.00 元/只和 1 257.12 元/只，分别占养殖收益的 26.86％和 73.07％。羊绒产值在养殖收益中占比较低，出栏羊销售收入在养殖收益中占主要地位。由于各调研地区养殖品种、养殖周期以及出栏羊销售途径等不尽相同，各地绒山羊养殖收益存在一定差异。盖州市绒山羊平均养殖收益最高，为 2 245.15 元/只；其次是本溪县，为 1 575.38 元/只；最后是巴林右旗，为 1 395.02 元/只。盖州市收益较高主要源于出栏活重和出栏价格相对较高，且由于出栏周期较长，其羊绒产量和产值也相对较高。

从养殖成本来看，在不考虑家庭用工成本时，2024 年调研地区绒山羊的平均养殖成本为 1 263.19 元/只。其中，幼畜购进费（羔羊折价）、精饲料费和饲草费是最主要的构成项，合计占养殖成本的比重高达 84.05％。分地区来看，盖州市绒山羊养殖成本最高，为 1 704.75 元/只；其次是巴林右旗，为 1 052.86 元/只；最后是本溪县，为 1 031.96 元/只。总体来看，各调研地区绒山羊的养殖成本存在一定差异。盖州市的养殖成本最高，主要源于幼畜购进费（羔羊折价）、精饲料费、饲草费用较高，雇用专人放牧、剪绒等产生的雇工费也相对较高。巴林右旗的固定资产折旧较其他调研地区偏高，主要是当地养殖用圈舍、畜牧养殖机械投入较多所致。

从养殖纯收益和成本利润率来看，2024 年调研地区绒山羊的平均养殖纯收益为 457.16 元/只，养殖绒山羊的平均成本利润率为 36.19％。分地区来看，本溪县的养殖纯收益和成本利润率最高，养殖纯收益为 543.42 元/只，成本利润率为 52.66％。盖州市的养殖纯收益也较高，为 540.40 元/只；其成本利润率较低，为 31.70％。巴林右旗的养殖纯收益最低，为 342.16 元/只；其成本利润率为 32.50％，也处于偏低水平。

（六）绒山羊以家庭适度规模养殖为主

受生态保护政策约束，绒山羊圈舍投入、饲草料成本持续增加，各调研地区的小规模散养户逐渐退出，绒山羊养殖正稳步向家庭适度规模养殖发展。根据调研访谈数据，巴林右旗的农牧户大多采取了半舍饲的养殖方式，受访农牧户户均养殖规模多在 80～200 只，养殖规模在 200 只以内的农牧户占比为 85.90％，养殖规模在 200～500 只的占比为 13.83％。本溪县和盖州市的养殖户大多采用了舍饲养殖方式，农牧户普遍认为养殖规模太大不利于收入和利润增长，所以种羊场、扩繁场及农牧户的养殖规模都有所控制。本溪县农牧户的户均养殖规模在100只左右，养殖规模200只以上的占20%，养殖规模1 000只以上的仅有5～6户；而盖州市养殖户的户均养殖规模大多在70～80只。

从标准化规模养殖发展情况来看，各调研地区存在一定差异。巴林右旗只有1家种羊场（赤峰市罕山白绒山羊种羊场）能达到绒山羊标准化规模养殖水平，该种羊场拥有3万亩草牧场，建有标准化羊舍，还建有草料库、青贮窖、饲料加工房、运动场，有大型拖拉机、割草机、捆草机、TMR搅拌机等大中型牧业机械20多台套，还有腹腔内窥镜、体视显微镜、胚胎冷冻仪、B超仪、绒毛分析仪等科研仪器设备20多台套。但是巴林右旗的大部分养殖户达不到标准化规模养殖水平。

本溪县采取"政府引导、农民自愿、市场投入"的方针，鼓励集体企业和个体养殖户投资养羊业，支持以龙头企业为主的规模化养殖，加强绒山羊标准化生产，推动养羊业规模化。本溪县已建成21个标准化绒山羊养殖小区和9家规模养殖场，规模最大的养殖场存栏达到3 000只。

盖州市积极推进规模养殖场、家庭农场培育，已建成1家原种场和11家种羊场，并在13个乡镇建设了标准化养羊小区170个，存栏1 000只的规模养殖场35家，存栏100只的养殖场（户）690家[①]。盖州市达到一定规模的养殖场（户）在羊舍建设、饲喂设施、饲料加工、防疫、粪污处理、病死羊无害化处理等方面均按生产标准和规范操作，形成了以龙头带基地、基地连农户的产业化生产格局。

（七）养殖户普遍掌握舍饲管理技术，养殖技术水平有所提升

目前，调研地区农牧民普遍掌握了舍饲管理技术，绒山羊的现代养殖技术有所应用，养殖技术水平有所提升。

从圈舍修建来看，为了减少对天然草场的依赖，巴林右旗政府积极引导农牧民调整产业结构，推动舍饲圈养方式，农牧民较好地掌握了圈舍修建技术，建造了全封闭或者半封闭式的羊圈，基本上能满足绒山羊养殖的条件；本溪县和盖州市农牧民已经熟练掌握圈舍修建技术，养殖户均拥有带有食槽等基本饲

---

① "绒耀"山林织锦绣　羊跃盖州产业兴(https://www.agri.cn/zx/xxlb/ln/202408/t20240813_8661070.htm)。

喂设施的圈舍，少数养殖户还修建了带有暖棚的标准化圈舍。

从良种选育来看，各调研地区绒山羊繁育仍以本交为主，养殖户普遍重视对优质种羊的使用，往往自发购买具有优良性状的种公羊进行种群繁殖，并且能够做到种公羊的及时淘汰和更新。具体来看，巴林右旗的养殖户除了购买罕山白绒山羊种公羊外，部分养殖户自发引进辽宁绒山羊进行杂交以提高羊绒产量。本溪县和盖州市的养殖户的种公羊一般使用4～5年就会主动更换，而且在使用期间比较注重避免近交现象，每年所生产的羔羊通过精心选育，达到种用标准的选留自用。两地部分养殖户也熟练掌握了绒山羊人工授精技术，但是由于绒山羊具备良好的自然繁殖能力，自然交配效益较高，因此很少使用人工授精。

从饲料加工配比来看，各调研地区间存在一定的差异。巴林右旗的养殖户主要采用玉米、秸秆和干草，还会添加部分加工饲料，具有一定规模的养殖户比较注重精饲料和粗饲料的营养搭配，而小户则直接饲喂。盖州市和本溪县作为辽宁绒山羊的优势产区，当地绒山羊的生产性状普遍较好，农牧户的部分绒山羊会作为种羊出售，市场价格远高于一般的绒山羊。较高的养殖效益带动了当地农牧户对绒山羊的营养摄入及饲料配比的重视，农牧户普遍使用加工饲料、豆粕等精料进行饲喂，有的农牧户则完全使用包含精饲料、粗饲料、维生素和矿物质补充剂在内的全价饲料，对于处于妊娠期的母羊以及羔羊还会辅以专门的混合饲料，保证母羊所需营养，促进羔羊生长发育。

从牧业机械使用来看，各调研地区的绒山羊养殖户配备了一定的饲草料加工机械。巴林右旗大部分农牧户依托农机购置补贴政策购买了小型饲料搅拌机，用来搅拌秸秆、青贮和精饲料。本溪县和盖州市的大部分农牧户拥有铡草机或小型饲料粉碎机，养殖大户会配有大型饲料粉碎机、搅拌机、打包机等，用来加工饲料、制作黄贮等。

从羊绒收获来看，巴林右旗、本溪县和盖州市已从过去手动梳绒普遍转为电动推子剪绒，机械剪绒耗时短，羊绒收获效率得到提升。各调研地区均有专门的剪绒队提供有偿剪绒服务。巴林右旗有20%～30%的农牧户雇用专门的剪绒队剪绒，价格为15元/只。本溪县和盖州市的养殖户大多自己剪绒或者通过亲朋好友间互助完成机械剪绒，羊绒贩子收购羊绒时也可以提供免费剪绒服务，大规模养殖户会雇工或雇用专业剪绒队上门剪绒，价格为10元/只。

从疫病防治和病死羊无害化处理来看，除了地区集中强制免疫外，养殖户还会积极购买兽药进行常见羊疫病防治。大多数养殖户已掌握基本的打针和用药技能，并通过微信群等通信工具加强技术交流。此外，养殖户每年对羊圈进行1～3次的清理和消毒，对病死羊都会进行无害化处理，保障绒山羊生产所需的健康环境。

（八）合作社"空壳"现象频现，规范运作的合作社较为稀缺

各调研地区均成立了从事绒山羊养殖活动的专业合作社，这些合作社大多是依靠能人大户带动或村组织带动成立，社员基本由家庭成员、亲戚朋友构成。但从实际运行来看，合作社的社员之间联系极为松散，社员以各自散养为主，没有统一经营，也没有实现风险共担和利益共享，"空壳"合作社频现，真正规范运行的合作社较为稀缺。巴林右旗有600多个从事牛羊养殖的专业合作社，有的合作社中有社员养殖绒山羊，并没有专门的绒山羊养殖合作社，而这些合作社多是大户带动成立，基本上未提供过服务。本溪县注册成立了15个绒山羊养殖专业合作社，大部分因为合作社负责人文化程度低、不善管理，已经不再真正运营。盖州市绒山羊养殖专业合作社数量较多，大概有200个，这些合作社多是由当地的能人大户带动成立。这些能人大户除了成立合作社外，还注册成立了规模场、种羊场等，而近年来大部分合作社不再运营，还有的合作社因为缺乏资金和经营管理人才而缩减了社员规模，也减少了经营和服务内容。

尚有个别合作社具有规范的章程，能够有效运作，并显现出较好的经济效益和示范效应。本溪县初泽锐种养殖专业合作社最初是能人大户牵头，2018年由10户绒山羊养殖户共同发起成立，注册资金为364.8万元，目前有26名社员，成员均为养殖户或者种植户。该合作社实行统一经营，日常经营主要由合作社理事长负责，有固定的办公室场所和会计、行政管理人员，每个季度定期召开社员大会，商讨合作社运营、社员管理和利润分配等重要事宜。该合作社为社员免费提供技术指导、统一防疫、统一销售活羊和羊绒、统一采购饲草料等服务，相关费用年终按物质投入结算抵价。该合作社成员每户都有专门的资产账户，年末会在扣除运营成本和扩大再生产资金后，按社员交纳的股金份额进行分红，2023年合作社社员每股净利润为26.67元，户均分红3 000元。该合作社还带动了周边50～60人的就业，2020年被评为本溪县级示范社，2021年被评为本溪市级示范社。

（九）羊绒收购混等混级现象普遍，销售渠道呈现多样化发展

随着农产品流通体系的不断完善，传统的贩子收购、"工牧直交"方式以及互联网平台的介入，共同推动了羊绒销售渠道的多样化发展。贩子收购长期以来一直是羊绒销售的重要组成部分，贩子通常具有较强的市场敏感度和灵活性，能够根据市场需求快速调整收购价格，为农户提供即时的资金支持。从调研情况来看，巴林右旗有50%的羊绒依然依靠传统的贩子上门收购方式。除此之外，养殖户还可以把羊绒直接销售给内蒙古赤峰东荣羊绒制品有限公司（简称东荣公司）。由于东荣公司的收购价格比贩子的价格高，且收购羊绒称重过程中公平计量，有力保障了当地农牧户的利益。因此，巴林右旗通过"工牧直交"销售羊绒数量快速增长，目前已经占到当地羊绒销售量的50%。本溪县农牧户也是将羊绒销售给上门的贩子，或是将羊绒销售给来自河北清河或者本地的羊绒加工企业。农牧户根据对方报价，选择价高者销售。无论是贩子还是企业来直接收购，交易双方多为一次性支付交易，双方并未签订羊绒销售合同。盖州市的羊绒销售方式更为丰富，除了传统的贩子收购外，有的农牧户会将羊绒销售给本地的羊绒制品商店，有的会直接销售给来自河北清河的羊绒加工企业，有的会利用电商平台进行销售，还有的会通过合作社将羊绒集中起来销售给企业或者贩子。

虽然各调研地区羊绒渠道日益多元化，但是目前羊绒交易过程中，羊绒依然采用污绒计价，并未实现分级整理和定价。贩子、羊绒加工企业等在羊绒收购期会与农牧户、合作社负责人进行沟通，口头协商收购价与订购量，双方既没有签订合同也无口头协议，而且羊绒收购时不分级，均是混等收购。有的养殖户在剪绒时按照部位对收集的羊绒简单分类，但是贩子收购时往往会将羊绒直接混装在一起，企业收购时往往也是给出一个平均价格，并未根据羊绒质量给出差异化收购价格。交易双方协商一致后以现金方式一次性完成交易，双方的合作也不固定。

（十）调研地区绒山羊产业扶持政策存在差异

各调研地区均是我国绒山羊的重要养殖地区和羊绒主产区，绒山羊产业也是当地畜牧经济中的重要组成部分。目前，各地区均执行了国家出台的促进畜牧业发展的相关政策，如畜牧良种补贴政策、动物防疫补贴政策、畜牧机械购

置补贴政策和草原生态保护补助奖励政策等。然而，由于各调研地区在经济发展、财政状况以及绒山羊产业规划等方面存在差异，因此对绒山羊产业的扶持程度也有所不同。

巴林右旗除草原生态保护补助奖励政策①、农机购置补贴外，整合资金采取了一些扶持政策来促进绒山羊产业的整体优化。一是畜牧良种补贴。巴林右旗自2022年起以直接补贴的方式扶持能繁母羊30只以上的养殖场（户）购买优良种公羊，罕山白绒山羊为优先补贴品种且应补尽补，补贴标准为1 600元/只②，基础母羊人工授精补贴为46元/只。二是饲料库和青贮窖补贴、棚圈建设补贴。为了促进羊产业高质量发展，巴林右旗整合利用2024年生猪（牛羊）调出大县奖励资金对符合条件的绒山羊养殖场的棚圈建设、饲料库和青贮窖建设提供支持③，补贴资金最高可达30万元。三是动物防疫补贴。巴林右旗投资520万元实施动物防疫智能体系建设项目，主要是为脱贫户（含监测户）提供快捷便利高效的动物疫病诊断服务，有效降低相关群体诊疗成本，提高养殖效益，免费为脱贫户（含监测户）提供所需动物疫病防控疫苗。

本溪县和盖州市绒山羊产业获得的扶持政策较少。本溪县整合利用基层农技推广体系改革与建设补助项目资金，2023年投资4万元建设绒山羊科技试验示范基地。在秸秆综合利用重点项目中，对年存栏200只以上的95家规模化绒山羊养殖场，直接饲喂秸秆或进行黄贮加工的秸秆饲料（不含购买），按秸秆利用量进行奖补。补助标准中每只羊每天秸秆喂食量为1千克，每年补助额为18元/只，秸秆直接喂食补助资金42.2万元；秸秆黄贮每只羊每年补助

---

① （1）实施对象：持有草原承包经营权证或签订了草原承包经营合同的农牧民、国有农牧林场的员工。（2）草原分区：禁牧区，将禁牧积极性较高的90个嘎查（村），划定为禁牧区，执行严格的禁牧政策，不得放牧利用，五年为一个禁牧周期；草畜平衡区，将禁牧区以外的草原划定为草畜平衡区，在执行严格的草畜平衡制度的基础上，实行季节性休牧制度，季节性休牧期为每年4月1日至7月1日。（3）补奖范围：禁牧区补奖面积448.27万亩，草畜平衡区补奖面积545.59万亩。（4）补奖标准：禁牧区10元/亩，草畜平衡区3.615元/亩。（5）补奖资金：禁牧区补奖4 482.7万元，草畜平衡补奖1 972.307 85万元，合计6 455.007 85万元。

② 良种补贴资金申报程序：养殖主体提交购买种公羊申请→嘎查（村）村民委员会汇总公示→上报所在苏木（镇）、街道审查签署意见→上报旗农牧局→苏木（镇）、街道和嘎查（村）组织养殖主体到选定的供种单位购买种公羊，并代表购羊者与种羊场签订购买合同→苏木（镇）、街道填写《种公羊补贴项目种公羊供应清册》上报旗农牧局审核→旗农牧局抽查核实汇总购买公羊情况→旗财政局根据核实情况将补贴资金用"一卡通"的形式直接发放给养殖主体。

③ 绒山羊养殖场（公司、合作社、家庭牧场）的条件要求为：一是存栏500只以上或者年出栏200只以上，二是做到人畜分离、集中饲养、防疫严格、管理规范和制度健全。

37元，秸秆黄贮补助资金总额为 22 万元①。盖州市除执行国家制定的绒山羊产业发展的相关政策外，主要与辽宁省畜牧科学研究院合作，进行辽宁绒山羊品种的保种、培育与推广。辽宁省畜牧科学研究院每年会给当地拨付 20 万～30 万元的经费，用于优质绒山羊品种推广以及秸秆高效利用技术应用等方面。

二、当前绒山羊产业发展面临的主要问题

（一）养殖户片面追求产绒量，羊绒细度有所增粗

羊绒是迄今为止国内众多畜产品中唯一以克为单位计价的纺织原料，具有很高的经济价值。然而，近年来调研地区羊绒细度有增粗的趋势，并且粗化速度也较快。

具体来看，内蒙古巴林右旗罕山白绒山羊成年母羊所产羊绒平均细度从 2013 年的 13～15 微米粗化至 2024 年的 16～16.2 微米，以年均 0.1～0.3 微米的速度变粗；本溪县的辽宁绒山羊成年母羊所产羊绒平均细度从 2021 年的 16 微米粗化至 2024 年的 16.6～16.8 微米，以年均 0.2～0.3 微米的速度变粗；盖州市的辽宁绒山羊成年母羊所产羊绒甚至已经达到 17 微米。根据国家标准《山羊绒》（GB 18267—2013）的型号等级分类，平均细度超过 16 微米的羊绒已经属于粗型，羊绒品质下降不容忽视。究其原因，主要在于国内羊绒销售依然采用混等混级方式，细度较好的优质羊绒没有体现优质优价，农牧民生产优质细羊绒的积极性不高，出于经济利益考虑片面追求羊绒产量的增加。巴林右旗的农牧户自发购买羊绒单产高、细度粗的辽宁绒山羊种公羊用于杂交，品种产绒性能变化带来羊绒细度变粗，也导致优质特色基因流失甚至消失。此外，绒山羊肉用价值稳定，农牧户为了追逐经济效益，通过快速育肥增加绒山羊活重，提高羊只的产肉性能，导致羊绒长度变短，细度变粗。此外，绒山羊养殖方式由放牧变为舍饲圈养后活动量变小，羊绒采集方式从抓绒变为毛绒套剪导致羊绒纤维再生变得相对粗糙，也加剧了羊绒粗化。

---

① 补助程序：由经营主体向所在地政府提出申请，经经营主体所在村及乡镇初审合格后上报至县农业农村局，由县农业农村局审核后备案，并在农作物秸秆利用一个周期内经县、乡镇两级对申请的经营主体做不定期复核后，达到补助标准的进行资金补助。

羊绒细度是衡量羊绒价值的重要指标，如果放任羊绒粗化不加以有效遏制，不仅会影响羊绒价格，而且会使得下游羊绒加工企业缺乏优质羊绒原料，使得企业持续发展受限，最终会削弱我国羊绒产业的优势。

（二）种羊场发展面临资金人才难题，保种育种功能未充分发挥

优良种质资源是绒山羊产业可持续发展的源头和先导。种羊场作为保护品种资源、推进品种改良的主阵地，其良性发展是我国绒山羊产业向现代化、高质量转变的前提和基础。然而，调研地区种羊场在发展中面临运营资金、技术人才缺乏问题，整体精力集中在生产经营上，导致对优良地方绒山羊的保种育种功能未充分发挥。

具体来看，各调研地区均建有数量不等的种羊场。巴林右旗的赤峰市罕山白绒山羊种羊场于2020年10月转企改制，由事业单位变为国有企业。由于政府没有明确固定的经费支持，禁止放牧后，全舍饲养殖成本增加，种羊销售受市场行情波动影响，种羊场运转资金紧张。场内资产多为生物资产，从金融机构贷款融资也较难。再加上缺少技术人才，种羊场在品种改良提升方面的精力也有限。盖州市的辽宁绒山羊原种场有限公司原种场为国家级原种场，2007年由事业单位改制为国有企业，现有职工20人，近年来受饲养成本上涨的影响，资金周转困难，波及辽宁绒山羊原种场有限公司的正常运转。本溪县的初洪伟辽宁绒山羊种羊场是私营企业，目前场内仅有3名职工负责千只绒山羊日常养殖，出售种羊、羔羊以及羊绒。值得注意的是，由于辽宁绒山羊远近闻名，还有部分养殖户自发注册种羊场，这些场里的"种羊"没有专门的质量监管，且由养殖户自发成立的种羊场基本没有技术人员，主要是高价销售辽宁绒山羊，供种能力和质量非常有限，更谈不上品种保护和改良。整体来看，种羊场发展受困，对周围养殖户改良的辐射引领带动作用必定会受影响，这也是造成养殖户引种改良处于渠道混乱、品种杂乱、管理无序的原因之一。

（三）资源环境条件约束趋紧，农牧户养殖成本压力较大

为改善和保护草原生态环境，各调研地区均实施了草原生态保护政策。随着生态保护政策的实施，加上各调研地区近年来降雨偏少，干旱天气频发，自然资源和环境约束趋紧，养殖过程中饲草料不足、放牧用地减少等问题也较为突出，农牧户养殖成本压力较大。

　　具体来看，巴林右旗在第二轮草原生态保护补助奖励政策实施过程中，禁牧区采取常年禁牧管理，草畜平衡区采取了季节性禁牧管理。由于在季节性禁牧区允许放牧的时期，禁牧区的牲畜大量涌入草畜平衡区，给草畜平衡区带来更大放牧压力，不利于草原植被恢复，因此在第三轮草原生态保护补助奖励政策实施过程中，巴林右旗以嘎查（村）为最小单元，一个嘎查（村）只执行一种补奖政策，或禁牧补助或草畜平衡奖励。当地人均草牧场面积近100亩，农牧民从草原生态保护补助奖励政策落实中可得到的补奖资金常年为禁牧区每人990元、草畜平衡区每人330元。

　　辽宁自2010年起实施封山禁牧政策，未对农牧户实施相关的禁牧补助，但是配套制定了相关惩罚措施，进入林地放牧且拒不改正的，每只羊被处以10元以上30元以下罚款。本溪县属于旅游城市，部分在旅游资源和水源地附近的绒山羊养殖活动被禁止。根据调研地区农牧业部门工作人员和农牧户反映，草场面积及养殖用地面积、草场植被、饲草料问题对绒山羊养殖影响较大。近年来，各调研地区雨水资源不丰富，加上草场退化等原因，牧草资源不足已经成为制约绒山羊养殖规模的主要因素。各调研地区均有农牧户因草场面积或者养殖用地有限、饲草料成本压力较大、资金有限等不愿意扩大绒山羊养殖规模。此外，由于各调研地区采取了全年或季节性禁牧政策，农牧户往往需要在每年9月份准备购买或者贮存较多数量的饲草料。根据产业经济研究团队2024年调研数据，饲草料成本在绒山羊养殖成本中占比高达29.90%。虽然部分地区实施了配套的禁牧补贴和草畜平衡奖励，但是由于补贴标准低且发放时间不够及时，对缓解饲草料成本增加的作用有限。整体来看，资源环境条件约束趋紧，饲草料不足及购置饲草料带来的资金成本压力是目前绒山羊养殖面临的主要困难，急需探究如何通过完善生态保护和饲草料产业发展政策来缓解养殖成本压力。

（四）农牧民年龄老化，产业发展后劲不足

　　发展绒山羊产业，农牧民是主体。目前，各调研地区从事绒山羊养殖的农牧户中主要决策者年龄普遍偏大，农村劳动力的老龄化是一个显著问题，导致生产效率下降、规模化经营意愿较弱等问题，产业发展后劲不足。

　　具体来看，2024年调研数据显示，受访农牧民平均年龄为51岁。其中年龄在40岁以下的仅有10%；从事养殖的农牧民年龄多在45～59岁，占被调

研农牧民的53.33%；超过60岁的农牧民占比为20%，年龄最大的为67岁。究其原因，养殖业投入周期长、抗风险能力低、市场价格波动大、经济效益较弱、生产生活艰辛劳累，对青壮年劳动力的吸引力弱；相比在农村务农，青年人更倾向于迁往城市追求发展。部分农牧民随着年龄增长，劳动能力下降。调研数据显示，46.67%的受访者表示下一年不打算扩大绒山羊养殖规模，其中28.57%的养殖户坦言缺乏劳动力是制约养殖规模扩大的原因之一。

值得注意的是，绒山羊养殖对传统要素（如劳动力等）投入依赖高，随着青壮年农村劳动力长时间、大规模向城市转移，绒山羊产业从业人员老龄化趋势将越来越明显，且调研地区当地龙头企业与农业经营主体未能形成合力，无法建立联动经营的产业经营组织体系，产业发展后备劳动力缺乏问题将逐渐显现。这与发展现代畜牧业对大量高素质农牧民的需求不相适应，绒山羊产业发展后劲不足。

（五）绒山羊养殖专业合作社发展滞后，职能发挥欠缺

加入合作社能够降低绒山羊经营主体参与市场活动的交易成本，改善其在市场中的弱势地位，是实现绒山羊产业化和现代化的现实选择。然而，调研地区绒山羊养殖专业合作社发展无明显起色，不论是数量增加还是质量提升均处于停滞状态，已经建立起来的绒山羊养殖专业合作社仍存在运行机制不规范、职能发挥欠缺、作用效果不明显等问题。

具体来看，在调研各地区中，巴林右旗还没有建立专门的绒山羊养殖专业合作社，有意向的绒山羊养殖户一般加入肉羊养殖专业合作社。盖州市和本溪县虽然已有能人大户带动的绒山羊养殖专业合作社成立，但是实际运行的绒山羊养殖专业合作社少。对于已注册成立并实际运行的绒山羊养殖专业合作社，其仅向内部社员提供活羊或羊绒的集中销售服务，导致合作社和社员间无法建立长期的利益联结和合作意识，无法实现风险共担和利益共享，合作社成员之间缺乏凝聚力，组织机构比较松散，发展相对滞后。调研过程中，个别合作社运行较为规范，社员各种行为均受合作社章程约束，养殖管理方面没有明确的管理要求，章程中规定的公益金、风险金等未提取，且合作社近年来持续实现盈利并分红，所以当地农牧户加入合作社的积极性较高。但是由于管理层管理能力有限，合作社不愿意增加成员。除上述个例外，大部分调研地区未加入合作社的农牧户对将来是否加入合作社也持观望态度。调研数据显示，83.33%

的养殖户未加入养殖专业合作社，其中44%的养殖户表示未来也不打算加入合作社。

总体看来，运行规范、有成效的绒山羊养殖专业合作社非常少，各调研地区的合作社发展较为滞后，但农牧户有热情加入运行规范的合作社，未来如何引导绒山羊养殖合作社高质量发展亟待探究。

（六）技术培训参与较弱，先进技术采纳积极性低

作为农民职业再教育的一种方式，农业技术培训为加大养殖户人力资本投资并将新的技术导入农业生产经营提供了一条有效途径，但养殖户参与培训积极性不高。虽然随着各调研地区绒山羊养殖的标准化和规模化程度均有不同程度的提高，养殖户能熟练应用一般性的养殖技术，但多数养殖户往往根据自身经验从事养殖活动，对先进技术的采纳积极性较低。

具体来看，2024年调研数据显示，盖州市户均存栏规模在70只左右，本溪县户均存栏规模在100只左右，巴林右旗80%的养殖户的存栏规模在100只以上。适度规模使得养殖户在养殖的基础设施、小型养殖机械设备上均有一定的投入，品种选育、疫病防治、剪绒等养殖管理技术广为采用，并产生了较好的经济效益。但养殖户往往根据自身经验从事养殖活动，先进技术应用水平较低，在日常养殖过程中主要依靠自己的经验判断饲草料的投喂量和配比，部分养殖户不关注饲料的配比和营养搭配。大多数养殖户没有贮粪场及粪污处理设施，羔羊补饲和早期断奶等各种技术应用均较少。

调研资料显示，有30%的养殖户表示从未接受过绒山羊养殖技术和养殖管理方面的培训。究其原因，仅有10%的受访农牧民具有大专及以上学历，80%的农牧民受教育程度在初中及以下，有23.33%的农牧民受教育程度为小学及以下。受教育程度较低的农牧民思想观念比较落后，缺乏现代化生产的意识，对新鲜事物接受较慢，采纳先进养殖技术动力不足，提升养殖管理水平的意愿也不足，制约了绒山羊产业的高质量发展。

（七）基层畜牧兽医人员老化，迭代更新和传帮带机制阻滞

目前，我国绒山羊养殖总体依然是以家庭为基本单位，以分散养殖为主。养殖人员普遍文化水平较低，尤其是小规模养殖户养殖方式传统、应用实用新技术较少，对基层畜牧兽医专业服务具有较大的需求。但各调研地区的基层畜

牧兽医服务部门普遍面临专业技术人才队伍老龄化、知识结构较为陈旧、新鲜血液难以补充等问题,专业队伍建设迭代更新和传帮带机制阻滞,不利于绒山羊产业的健康发展。

具体来看,调研地区畜牧兽医专业技术人员年龄偏大,50 岁以上的占一半以上,40 岁以下的技术人员较少,年龄结构老化。究其原因,基层部门面临经费投入不足及工作人员薪酬福利待遇偏低等困难,难以吸引和留住年纪轻、学历高的专业技术人才,畜牧兽医队伍的技术水平较难得到新生力量的补充和提升。由于长期缺乏新进人员,现有人员的知识和技术水平难以跟上现代畜牧业的发展需求。尽管有些地方开展了畜牧兽医相关培训活动,但整体来看,培训力度和频率仍显不足。然而,这些培训并不能完全解决基层畜牧兽医人员年龄老化和知识更新滞后等问题。基层畜牧兽医站体制不顺、队伍老化、经费紧张等问题的存在,严重制约了基层动物防疫和畜牧兽医公共服务工作的开展。

(八)羊绒收购定价方式不合理,"优质优价"任重道远

目前各调研地区养殖户销售羊绒过程中,普遍采用污绒计价,尚未实现分级整理和定价,优质难享优价。具体来看,贩子收购销售方式中,养殖户层面,由于缺乏分级整理和销售意识,一般直接毛绒混剪,并不对剪下的羊绒进行分级整理,不同羊只、不同部位、不同细度的羊绒直接混在一起销售;羊绒贩子层面,其上门收购往往通过手感、目测等方式主观判断羊绒质量,没有条件也没有能力对羊绒进行分级,只是根据市场行情和自身观感给出混级收购价格。养殖户与贩子之间经过简单的讨价还价,一手交钱一手交货完成交易。由于养殖户产量小、市场信息掌握有限,在交易过程中缺乏能动性,议价能力较弱,易受贩子"压级压价"。巴林右旗、本溪县和盖州市虽有羊绒加工企业直接从养殖户手中收购羊绒,但是企业与养殖户均没有签订固定收购合同,直接混等混级收购,价格也是主观经验判断,并不是真正意义上的"工牧直交",羊绒销售"优质优价"之路任重道远。

(九)特色产业关注度不够,政府扶持力度不足

调研地区均有地方培育的绒山羊品种,绒山羊产业是当地最具特色的畜牧产业,地方政府对其发展虽有一定扶持,但仍关注度不够、扶持力度有限。具

体来看，国家政策层面，国家对绒山羊养殖的扶持有良种补贴、草原生态保护补助奖励、标准化示范场创建补贴、农机购置补贴等。但是，辽宁并非良种补贴和草原生态保护补助的项目省份，养殖户保种繁育和遵守封山禁牧规定未获得扶持；内蒙古虽然享受草原生态保护补助奖励，但补奖金额较少，远不够弥补禁牧后舍饲喂养成本。国家标准化示范场建设奖励补贴指标非常有限，各省份现有的规模养殖户均未曾获得这项补贴；与绒山羊养殖相关的低值小型机械不在国家农机购置补贴机具范围内，养殖户购置这些机械均无法获得相关补贴。

地方政策层面，2024年巴林右旗实施人工授精补贴、动物防疫补贴、青贮窖补贴、棚圈建设补贴等政策，但青贮窖补贴和棚圈建设补贴仅针对存栏500只以上或年出栏200只以上的养殖场（公司、合作社、家庭牧场），所以该补贴覆盖到的绒山羊养殖户较少。盖州市将绒山羊养殖作为当地特色主导产业，但是自从当地实施辽东地区绒山羊改良计划之后，便没有专门针对绒山羊的扶持政策。本溪县近年来出台了《2023年度基层农技推广体系改革与建设补助项目实施方案》《本溪满族自治县2023年秸秆综合利用重点项目》《本溪绒山羊优质高产品系项目规划》《本溪县绒山羊良种繁育体系建设方案》等，这些措施均涉及了绒山羊养殖活动，但是扶持对象多为规模场，直接惠及农牧户层面的极少。

三、促进绒山羊产业发展的政策建议

（一）聚焦绒山羊产绒性能，多措并举遏制羊绒粗化

羊绒以细为贵，细度是决定羊绒品质的一项重要指标。如果我国羊绒细度继续变粗，将失去特有的品质和价格优势。如果不及早遏制国内羊绒持续增粗的趋势，丧失的不仅是资源优势，还有更重要的产业优势和累积多年的国际羊绒产业话语权。为此，政府和产业主体要尽快在遏制羊绒增粗方面达成高度共识，多管齐下、多策并用，保持或降低羊绒纤维直径，提高绒山羊个体产绒品质。

第一，政府部门、加工主体要发挥主导引领作用，加快推进羊绒"优质优价"机制的建立，运用好价格杠杆和利益激励，调动生产主体优质绒山羊的饲养积极性、细型羊绒的生产积极性、羊绒细度在16微米以上的淘汰主动性，

加大分部位抓绒、分等级包装的工艺配合度，从根本上解决优质羊绒供应的可持续问题。政府应出台相关政策支持羊绒毛产业高质量发展，如实施羊绒毛精品战略工程，支持适度规模绒山羊养殖提质增效。第二，保种主体要落实好地方特色绒山羊遗传资源保护责任，全方位加强和做好保种工作。考虑到绒山羊产业由绒用为主转向肉用为主、生产主体注重羊绒产量提升，保种主体的保种改良方向可分化为稳产量提细度的超细绒型品种选育和稳细度提产量的高产绒型、高繁型、高产肉型品种选育①，并增强与生产主体之间的横向扩繁合作，以期实现从根源上提升区域羊绒生产的遗传资源水平。应加强优质绒山羊品种繁育，支持建设优质绒山羊种羊场，完善良种繁育体系，培育超细绒型绒山羊品种。同时，鼓励牧民主动淘汰绒细度在 16 微米以上的山羊，保护优质种群。第三，根据绒山羊生长规律、脱绒时间，结合气候等影响因素，按部位适时剪绒，并通过精细化管理提高山羊绒质量水平。应建设饲草料基地，使用高蛋白含量的草饲料，确保羊只的营养水平。提高生产主体科学化繁育改良和精细化养殖管理的意识，提高饲草料加工利用率，科学优化饲草料配比，提升剪抓绒技术水平，推动养殖户学习羊绒简单分级打包技术，从遗传、营养、采集方面减缓羊绒粗化势头。第四，各省份纤维质量监测主体应在中国纤维质量监测中心的指导下，发挥毛绒检验技术优势和职能职责，加强免费羊绒纤维质量年度检测，可为羊绒主产区域生产主体提供羊绒纤维质量的动态监测，或为加工主体提供羊绒纤维质量的公证检验。并充分利用现代信息技术，发挥互联网大数据优势，积极搭建羊绒品质监测和评价追溯信息系统，方便产业主体查阅羊绒质量检验结果、政府部门查阅地区羊绒质量动态监测结果和统计分析报告，高效向社会公众发布年度羊绒质量监测报告。同时，组织定期的羊绒细度检测培训会，提升检测人员的技术能力。

（二）多主体共同发力，助推种羊场发展

种羊场的良性发展对于绒山羊良种繁育体系的建立健全至关重要，也关系着我国现代化畜禽种业发展。产业主体要充分认识促进绒山羊种业发展的重要性，以解决当前绒山羊种羊场发展面临困境为导向，助推种羊场规范发展、盈利运营，做实地方特色品种的保护选育工作。

---

① 超细绒型品种的羊绒纤维细度在 14.5 微米以下。

第一，加强对种羊场发展的引导、规范和支持。种羊场的保种育种工作具有长期性和公益性，再加上当下种羊场多为企业代管，因此政府部门应尽量协调财政资金，为种羊场提供固定的年度保种经费，持续关注种羊场经营发展状况，及时研究指导种羊场脱困，协调金融机构探索开展活体牲畜质押贷款业务，协调周边绒山羊主产区与种羊场开展引种合作等。第二，种羊场要根据市场需求准确定位，做好育种规划，强化规范意识，规范操作程序，完善档案记录，持续推进科学保种选育工作。建立种羊场的技术汇编，明确各项标准。第三，做好资金的开源节流，提高资金的使用效率。应充分利用存栏种羊，加快畜群周转，通过申报各级政府项目或科研院所联合项目争取保种经费，向金融机构争取活体牲畜质押贷款，解决资金匮乏等现实困难。第四，加强专业技术人才队伍的建设。鼓励羊场技术人员参加继续教育和在职培训，提高自身职业素养，还可以引进相关技术人员（市、县、乡镇三级畜牧技术推广体系内），与技术人员签订技术服务合同，加强种羊生产技术力量。随着种羊生产逐渐向标准化规模化转移，种羊场生产的各个环节也日益标准化，在生产实践中，各环节须设定专人负责，实行专岗专责，确保种羊场技术工作有序推进。同时可加强与职业院校、科研院所的合作，通过联合研究、实训基地、特派指导等形式，实现技术服务指导的多渠道供给。

（三）完善生态保护和饲草料产业发展政策，缓解养殖成本压力

从农牧户调研情况看，政策实施以来，草原生态保护补助奖励政策补奖标准偏低及禁牧政策实施带来的饲草料短缺、养殖成本压力增大等问题较为突出。因此，建议完善相关配套政策，缓解农牧户的成本压力。

第一，提高禁牧补助、草畜平衡奖励等生态保护政策的补贴标准，具体的补贴标准应该结合不同地区的气候环境、人均草场面积、草场质量、饲草料价格变化等因素确定，体现出地域性和动态性，以更好地弥补舍饲圈养引起的饲养成本上升对农牧户造成的不利影响。第二，为了促进牧区经济转型发展，应持续加大后续产业扶持力度。例如，积极争取牧区后续产业扶持专项资金，并与草原修复工程产业扶持资金整合，用于舍饲规模养殖等项目。第三，重视饲草料产业发展，加大对饲草料产业的资金支持力度，统筹用好各类财政专项资金和基本建设投资，鼓励和支持饲草料品牌的建设，规范市场秩序，提升饲草料产品的市场竞争力。加强饲草料生产、收割、加工、储存和配送体系建设，

提升优质饲草供给保障水平，在牧草草种、肥料、牧草种植采收和加工机械设备等方面向农牧户提供更多的支持。

（四）完善培育机制，加快培育高素质农牧民

当前绒山羊养殖业青壮年劳动力的空缺势必会加剧养殖生产的不稳定性和脆弱性。如何引导新一代年轻人进入畜牧行业，成为爱畜牧、有知识、懂技术、会经营的高素质农牧民，是实现未来"有人养殖、能人养殖、职业养殖"的重要途径。为此，在绒山羊养殖行业，要重视培育高素质农牧民，尽快育成一批稳定的、高效的、可持续的绒山羊养殖从业主力军。

第一，加快推进绒山羊产业的高素质农牧民精准培育工作。以年龄在18～55周岁的种养大户、家庭农牧场、农牧民合作社、农牧业企业，且自身有一定生产经营规模、创业基础和创业愿望的新型农牧业经营主体带头人为重点对象，培育高素质农牧民。第二，建立完善"有为政府、有效市场、有力公益组织"共同推动的高素质农牧民培育机制。政府部门要积极发挥职能作用，因地制宜，广泛开展农民夜校，大力探索"互联网＋培训"模式，强化农业科学文化的普及和种养技术等专业职业培训，补足现代农业生产"技能"短板，让农民科学养羊。第三，加大跟踪服务力度，为已培训学员提供全程实时技术服务，帮助学员解决生产经营中遇到的困难和问题，切实为绒山羊产业发展提供强有力的人才保障。同时，通过提升职业吸引力，让农牧民积极投身到绒山羊养殖事业中。

（五）扶持绒山羊专业合作社发展，推进合作社规范提升

农民专业合作社是市场经济条件下发展适度规模经营、发展现代农业的有效组织形式，有利于提高农业科技水平、提高农民科技文化素质、提高农业综合经营效益。政府部门应当加快推进绒山羊养殖合作社规范提升工作，以打造示范社为推手带动合作社高质量发展。

第一，多部门通力合作，尽快对绒山羊养殖专业合作社进行分类指导规范。对运行较规范的合作社，进一步加大指导服务力度，确保合作社高效运转。对运营一般的合作社，按照"缺什么，补什么"原则，指导合作社尽快整改、规范完善。对未运营的合作社，尽量通过限期整改完善或合并方式帮助其开展运营，确无发展条件的引导其自愿注销。第二，政府要围绕主体需求出招

纾困，针对绒山羊养殖专业合作社发展中的难点、痛点，察实情、出实招，切实帮助示范社的建设和发展。同时，建立健全合作社考核奖补办法，整合相关涉农资金，对"诚信意识好、产业基础牢、规范管理好、服务能力强、技术含量高、经营规模大、带动农户多"的合作社进行奖补，强化示范引领。第三，在运营能力提升方面，善于利用外部力量，整合家庭农场、农村集体经济组织、羊绒加工企业、屠宰企业等主体以股东身份进入合作社，开展多层次联合，设计"原始股"和"提升股"调节公平与效率，实现延链强链、共生共赢。第四，提倡由财政支持转向制度建构，避免"精英俘获"。政府对合作社进行单一的补贴支持可能会形成套取财政资金的"空壳"组织，合作社的利益分配也会偏向职务和收入更高的核心成员。在财政支持的同时，政府也要帮助合作社建立严格规范的管理制度，如外部代理人制度、绩效信用评估监督机制等。政府还应建立有效的甄别机制和淘汰机制，使合作社不受新加入"不良主体"的侵蚀，以维持共生系统的稳定运行。第五，抓点做样，基于综合评估结果和提升建议，考虑区位条件、产业规划、合作社类型、示范带动能力等因素，选出1～2家合作社作为重点打造对象，"因社施策"，率先开展绒山羊养殖示范社打造，为其他合作社发展提供参考，扩大示范引导效应，带动合作社整体高质量发展。同时，政府要加大对绒山羊养殖示范社成效的宣传力度，让养殖户深入了解合作社的优势、真正认识到加入合作社的益处，提高养殖户的入社积极性。

（六）创新培训方式，提高农牧户先进养殖技术应用水平

作为农民职业再教育的一种方式，技术培训为加大养殖户人力资本投资并将新的技术导入绒山羊生产经营提供了一条有效途径。重点加强对农牧户的养殖技术培训，逐步引导农牧户摒弃传统落后的养殖观念，切实提高农牧户的养殖技术水平。

第一，完善现有的绒山羊技术服务体系，加强对技术培训的人力、物力投入，创新技术培训方式，在传统的组织技术培训班、专家讲座的基础上，建议充分利用现有的互联网技术，通过新媒体分享和传播先进的绒山羊养殖技术，使农牧户更加高效、便捷地了解和掌握新技术。同时，为提高培育效果，实行"分段式、分专业、重实训、参与式、强服务"的培训方式，采取理论教学与实践教学相结合的教学模式对符合培育条件的农牧民进行培训，并根据农牧业

生产周期和季节分段安排课程。第二，在培训过程中，应注重对农牧户技术需求情况的了解，重点加强对绒山羊人工授精、秸秆饲料高效利用、粪肥高效还田、疫病防治、圈舍修建等技术的培训，提高技术培训的针对性与实用性，使这些成熟养殖技术真正运用到实际生产中去。第三，设立绒山羊养殖技术示范户。目前农牧户的养殖技术除来源于自身积累外，还主要来自周边的养殖能手或养殖大户，因此，应通过设立养殖技术示范户，让农牧户更进一步地了解新技术的实际操作与现实效益，使农牧户更好地接受和应用新技术。

（七）加强畜牧兽医人才队伍建设，完善社会化服务

畜牧兽医人才是保障绒山羊产业高质量发展的关键力量。加强畜牧兽医人才队伍建设不仅有助于提升绒山羊产业的生产力和竞争力，还能促进公共卫生安全、生态安全和人畜和谐的发展。应加强畜牧兽医专业人才队伍建设，提升现有畜牧兽医人员专业技能，加快畜牧兽医人才引进和储备，探索畜牧兽医服务体系的社会化。

第一，加大对畜牧兽医专业人才的培养力度，通过招考方式公开招录大专以上学历的畜牧兽医相关专业应届毕业生；同时，系统培养高素质的动物防疫人员，降低人员流动率，保障产业的安全可持续发展；建立健全奖惩机制和考核制度，强调工作人员职责，定期对其专业能力进行考察，监督和管理双管齐下，提升兽医工作人员的积极性和工作热情。第二，加强与组织、人事部门的沟通协调，依托人才引进政策支持，灵活创新人才引进方式，积极引进科研院所、高等院校的畜牧兽医青年后备人才；可通过购买服务的方式，精简人员，提高待遇，提升素质，建立一支专业化、职业化、年轻化的基层畜牧兽医协管员队伍。第三，加强与高等院校之间的联系，引导初、高中毕业生就读畜牧兽医专业，扩大人才培养基数，充实地方畜牧兽医本科毕业生人才储备库。第四，各地应以动物防疫服务为重点，兼顾动物诊疗服务、第三方检测服务、病死畜禽无害化收集处理服务等多元化服务，按照政府主导、部门负责、社会参与、共同监督的要求，积极推进政府购买畜牧兽医多元化服务，辅以监督指导和绩效考核相结合的规范机制，保障基层畜牧技术推广、动物疫病监测和动物疫病防控等工作高效开展，为养殖户提供更加专业化、精细化的兽医公共卫生服务。

（八）规范羊绒流通市场，推进羊绒"优质优价"

由于散户产量偏小、羊绒流通市场规范性不强和市场行情变化等多种原因，导致销售过程中养殖户普遍处于被动位置，同时，羊绒混等混级销售，优质羊绒不享受优价，这不仅影响了农牧民的经济利益，也不利于羊绒流通市场的健康发展和高质量羊绒的生产。因此，建议规范羊绒流通市场，推进羊绒"优质优价"。

第一，进一步提高"工牧直交"在羊绒销售中所占的比重。对于当地或邻近有羊绒加工企业的地区，政府部门应充分调动羊绒加工企业在羊绒产业链中发挥关键作用，联合银行、信用社等金融机构，通过减免企业税费、提供羊绒收储贴息贷款、创新羊绒仓单质押贷款、羊绒收购二次补贴等方式，支持羊绒加工企业通过"工牧直交"方式，以高于市场价一定水平的价格直接从养殖户手中收购羊绒原料，打通羊绒产区与加工企业的流通渠道，减少中间流通环节，推动长期稳定的产销对接。对于周边缺乏羊绒加工企业、无条件开展"工牧直交"的地区，可考虑借助绒山羊养殖专业合作社、养殖小区、家庭牧场、养殖企业等组织或主体，在羊绒集中销售月份，为绒山羊散养户提供羊绒供求信息、价格信息等，组织散养户对羊绒进行简单分级整理，联系羊绒收购商贩进行联合销售或代销，以增强羊绒销售中散养户的议价能力，提高养殖户的羊绒销售收入，降低羊绒销售风险。引导和扶持农牧民建立专业合作组织，负责为本组织社员的羊绒进行分级打包，并直接与收购企业进行谈判和销售，形成"工牧直交"的销售方式。第二，加强对羊绒销售环节的监管，对销售过程中收购商贩刻意压级压价、提供虚假信息等问题进行严厉处罚，营造良好的销售环境，规范羊绒流通市场的秩序。第三，为进一步提高广大农牧民保护地方品种、生产优质细绒的积极性，扩大传统优势羊绒产业知名度，推行"按质定价、优质优价"政策，政府联合加工企业对超细绒和特细绒进行补贴，在市场价格基础上，优先收储或者收购保种区内优质羊绒。第四，羊绒主产区或主销区政府可酌情考虑搭建具有价格反映、标准制定、品牌传播等属性的羊绒价格监测平台，精准刻画产业链重点环节的价格变化，客观反映羊绒产品价格变化趋势，让信息活起来，把数据用起来，引导市场流通更加顺畅，促进羊绒品牌价值更好传播，带动羊绒产业数字化转型，有效拓宽羊绒销售渠道，并规范"工牧直交"方式，促进羊绒产业的健康发展。

（九）提升绒山羊产业关注度，加大政策扶持力度

加大政策扶持力度对于提升绒山羊产业的质量效益、增强其竞争力以及促进养殖户增收具有重要意义。这不仅是当前绒山羊产业转型升级的需要，更是实现农业现代化和乡村振兴战略的关键步骤。建议政府关注地方特色绒山羊产业，同时提高对绒山羊养殖的重视程度，尽量加大政策扶持力度。

第一，羊绒主产区政府应统筹整合各级财政涉农资金，并撬动金融资本和社会资金投入产业帮扶，形成"多个渠道引水、一个龙头放水"的资金整合机制，尽可能集中各种资金、各样资源、各方力量齐力发展绒山羊产业。第二，政府在确定绒山羊产业扶持对象时，除考虑推动实现巩固拓展脱贫攻坚成果同乡村振兴有效衔接，扶持绒山羊养殖中的脱贫户（监测户）以及规模场外，也要兼顾对绒山羊养殖一般户的关注。在政策和资金权限范围内，可将部分补贴名额分配给一般户。第三，政府应保持产业帮扶政策总体稳定，由重点支持脱贫村脱贫户向支持产业集中连片发展、农户普遍受益转变，由主要支持种养环节向全产业链拓展转变。第四，政府在设计绒山羊产业扶持政策时，要深入调查摸底扶持对象的政策需求，充分尊重扶持对象的扶持意愿，在此基础上，统筹分配财政资金，确定合适的扶持政策、扶持范围、补贴数量、补贴力度、补贴方式等，提高扶持资金的利用效率，尽可能有效地促进绒山羊养殖户积极生产、高质量发展。第五，为确保政策的有效性，政府应充分落实地方配套资金，并对所有类型养殖主体的政策效果建立合理科学的评估机制，确保政策扶持与养殖主体的实际生产需求相匹配。

图书在版编目（CIP）数据

中国绒毛用羊产业发展与政策研究报告. 2024 / 肖
海峰等著. -- 北京：中国农业出版社，2025. 3.
ISBN 978-7-109-33152-5

Ⅰ. F326.3

中国国家版本馆 CIP 数据核字第 2025JN2661 号

中国绒毛用羊产业发展与政策研究报告 . 2024
ZHONGGUO RONGMAOYONGYANG CHANYE FAZHAN YU ZHENGCE YANJIU BAOGAO. 2024

中国农业出版社出版

地址：北京市朝阳区麦子店街 18 号楼

邮编：100125

责任编辑：边　疆　张潇逸

版式设计：王　晨　责任校对：吴丽婷

印刷：北京中兴印刷有限公司

版次：2025 年 3 月第 1 版

印次：2025 年 3 月北京第 1 次印刷

发行：新华书店北京发行所

开本：720mm×960mm　1/16

印张：11

字数：185 千字

定价：88.00 元